现代学徒制中的知识产权形成与归属研究

——从制度演进、实践考察及政策措施的视阈

谌远知 著

浙江工商大学出版社
ZHEJIANG GONGSHANG UNIVERSITY PRESS
·杭州·

图书在版编目（CIP）数据

现代学徒制中的知识产权形成与归属研究：从制度
演进、实践考察及政策措施的视阈 / 谌远知著. -- 杭州：
浙江工商大学出版社，2024. 12. -- ISBN 978-7-5178
-6291-8

Ⅰ. G719.2；D923.404

中国国家版本馆 CIP 数据核字第 2024AD2406 号

现代学徒制中的知识产权形成与归属研究
——从制度演进、实践考察及政策措施的视阈

XIANDAI XUETUZHI ZHONG DE ZHISHI CHANQUAN XINGCHENG YU GUISHU YANJIU
——CONG ZHIDU YANJIN、SHIJIAN KAOCHA JI ZHENGCE CUOSHI DE SHIYU

谌远知 著

责任编辑	唐　红
责任校对	沈黎鹏
封面设计	朱嘉怡
责任印制	祝希茜
出版发行	浙江工商大学出版社
	（杭州市教工路 198 号　邮政编码 310012）
	（E-mail：zjgsupress@163.com）
	（网址：http://www.zjgsupress.com）
	电话：0571-88904980,88831806（传真）
排　　版	杭州朝曦图文设计有限公司
印　　刷	杭州杭新印务有限公司
开　　本	710mm×1000mm　1/16
印　　张	15
字　　数	193 千
版 印 次	2024 年 12 月第 1 版　2024 年 12 月第 1 次印刷
书　　号	ISBN 978-7-5178-6291-8
定　　价	58.00 元

　　本书系杭州市哲学社会科学重点研究基地高等职业教育(陶行知教育思想)研究中心的课题"现代学徒制中的知识产权形成与归属研究"(编号:2018JD64)研究成果。

本书系 2020 年度浙江省哲学社会科学规划课题"跨境电子商务中文艺作品知识产权侵权解决机制与经验提炼"（编号：20NDJC355YBM)研究成果。

制度寻踪：现代学徒制框架下知识产权的蝶变与圭臬

现代学徒制是一种强调以学校与企业合作、产教融合的实践为导向的人才培养方式，是一种能够满足社会经济发展需求的人才培养新模式。现代学徒制与知识产权存在紧密的内在关系，现代学徒制如果失去知识产权制度的保护与支撑，制度运行中产生的智力权益将无法得到保护。知识产权制度可以保障现代学徒制中经济价值的转换与社会价值的实现。知识产权制度在把现代学徒制实践中形成的抽象知识转化为具有社会价值和经济价值的产品与服务的过程中，起到关键与枢纽的作用。

在全球化的背景下，拥有强大的知识产权体系成为国家和地区提升国际竞争力的关键。因此，我们探讨研究知识产权与现代学徒制之间的关系，具有现实意义与学术价值。我们的研究重点聚焦于现代学徒制在现实中如何运行，即在现代学徒制实践的过程中，知识产权如何产生、如何得到妥善保护。知识产权制度可以为现代学徒制中形成的智力成果提供制度保障，其通过激励创新机制和价值补偿机制为现代学徒制赋能，同时也可以拓展、展示知识产权制度在新维度和新领域扮演的新角色，探讨如何在尊重知识产权的前提下，建立有效的技能传承机制，促进技艺的持续发展。

现代学徒制的健康发展需要知识产权法律制度的不断创新来支持。如何利用知识产权制度推动现代学徒制发展，如何通过知识产权保护来驱动现代学徒制技术创新和经济发展，如何搭建以知识产权法律为导向的具有本土化特色的现代学徒制，如何制定有关现代学徒制的相关知识产权法律政策，探索知识产权制度现代化的中国道路，这些都值得我们深究，也是未来的学术热点与难点问题。

在本专著中，笔者运用大量的国内外现实素材与案例对现代学徒制的现状进行了分析。通过对国外现代学徒制的比较分析，探索国内现代学徒制的未来发展方向。创新之处在于：揭示了知识产权与现代学徒制之间存在的密切且复杂的联系，揭示了知识产权在现代学徒制中的重要性。它们共同作用于创新、技能传承与经济发展等多个领域。知识产权制度可以激励学徒和师傅在技艺传承中不断创新，确保知识和技能的独特性得到认可和保护。知识产权保护有助于确保传统技艺得到有效传承，防止技艺流失。在保护知识产权的同时，探索知识的共享和传播，是现代学徒制面临的一大挑战。

知识产权法律制度包括专利权、商标权和版权等，以为创新者提供法律保护，鼓励他们投入资源进行研发和创造为目的。现代学徒制中，我们常常忽略学徒不仅学习传统技艺，还逐步接触到新技术、新工艺这一现象。谚语"教会徒弟，饿死师傅"的问题就是本书重点讨论的案例。知识产权法律制度在现代学徒制中的应用，能够在一定程度上确保技术和工艺在没有被不当复制的情况下，由师傅传授给学徒。这一举措既保护了师傅的权利，又促进了知识与技能的正向传播和合法利用。通过专利权、商标权和版权等法律手段，师傅可以对其独特的技艺、技术或品牌进行法律保护。即使在传授技艺给学徒的过程中，师傅的创新成果也能得到法律保障，减少被不当利用的风险。知识产权法律制度可以帮助界定哪些知识和技术是可以传授的，哪些是需要保护的。这有助于建立师傅和学徒之间的信任关系，明确双方的权利和义务。

现代学徒制通过强调师徒间的知识转移与技能共享，以确保技术在传授过程中师傅可以凭借其独创性的技术、设计或流程得到适当的认可和回报，同时激励师傅分享自己的专长。现代学徒制中师傅可以通过技术许可的方式，允许学徒在一定条件下使用其专利技术，同时收取一定的许可费用。知识产权保护可以激励师傅更加愿意分享和创新技艺，因为他们知道自己的创新成果可以得到法律保护，不会轻易被他人复制或盗用。现代学徒制也保护学徒在学习过程中产生的创新成果，鼓励学徒积极思考、勇于创新，使他们知道自己的创意同样受到法律保护。知识产权法律制度鼓励学徒在学习过程中尊重知识产权，合法利用所学知识和技能。在创作性技艺的传承中，可以通过版权合作的方式，明确师傅和学徒在作品创作和利用中的权益分配。这不仅保护了师傅的利益，也培养了学徒的法治意识和职业道德素养。

本专著还创新性地将 PMC 政策分析模型与情感价值模型运用到现代学徒制的分析中,从问题识别、政策制定、政策执行、政策评估和反馈等环节来理解现代学徒制的现状、存在问题、发展趋势以及政策效果,分析现代学徒制实施过程中存在的障碍和挑战,评估政策的有效性,并为政策制定者提供改进和优化政策的建议。随着人工智能技术的发展,AI 在创作、设计、教育等领域的作用日益凸显。本专著创造性地将"AI 著作权"放在现代学徒制框架中进行分析,分析 AI 在知识创造和技能传承中的作用及其带来的法律和伦理问题,探讨如何利用 AI 技术提高教育效率、保护知识产权,以及如何处理 AI 创作内容的所有权问题。

本专著在学术研究方面紧跟前沿,选择从知识产权制度管理角度来对现代学徒制进行思考。在现有的学术研究中,将知识产权与现代学徒制结合进行深入分析的研究相对较少,该研究填补了这一空白,为后续的研究提供了新的视角和理论基础。通过对现代学徒制中知识产权归属的分析,不仅探索了知识产权在现代学徒制中的角色和作用,还提炼出两者之间的相互作用规律。这对于理论创新具有重要意义,可以为实践中的现代学徒制提供指导,特别是在如何通过知识产权制度来保护师傅和学徒的权益、激励创新和传承技艺等方面。该研究为政策制定者提供了参考,帮助他们在制定相关政策和法规时,更好地考虑知识产权与现代学徒制的结合,从而推动中国特色现代学徒制的建立和完善。

目 录

Contents

第二篇　现代学徒制：知识产权的法理基础与制度实施

第三篇 现代学徒制:制度前瞻与政策建议

第7章 人工智能视阈下现代学徒制中的知识产权:现实探索与制度前瞻 …………………………………………… 139

第一篇

现代学徒制：制度沿革与现实借鉴

本篇旨在深入分析现代学徒制度的实践对象，梳理现代学徒制理论的历史与现状，探讨发展现代学徒制理论的哲学基础。我们只有准确把握职业教育实际运行的边界和职业教育的本质，才有可能正确理解现代学徒制背后的原理与规律，而综述现代学徒制理论文献是为了更加明确其存在的问题、未来的方向，以及本研究的贡献。

第 1 章

现代学徒制的本质探源与概念解析

随着全球经济的发展与产业的升级，各行各业对高技能劳动力的需求日益增长。传统的教育体系往往侧重于知识的传授，忽视了实践技能的重要性，学生在学校所习得的知识很难满足技术的快速发展所带来的职业和技能需求。因此，学生难以直接适应实际的工作环境。但随着全球化和市场竞争的加剧，企业往往更加青睐具备实际工作经验和技能的人才。基于以上种种原因，现代学徒制应运而生。现代学徒制能有效解决目前高职教育与就业脱节、人才技能短缺、教育成本过高等问题，其能有效帮助高职学生了解当前就业形势，认识行业情况，明确职业发展路径，还能促进创新和技术转移。为了深入了解现代学徒制，必须先了解现代学徒制的本质和相关概念。

1.1　中国现阶段对现代学徒制的阐释

在学术界，"学徒制"对应的英文单词是"Apprenticeship Program"（A. P.）。在专业文献中，当"Apprenticeship Program"指中职教育与高职教育时，在中文中适合翻译为"现代学徒制"；当其指一种没有正式契约的社会关系时，在中文中可以翻译为"师徒关系"。"学徒制"在汉语口语中虽然也暗指师徒关系，但从学术语言来说，我们将师徒关系称为"拜师学艺"更加严谨。

关于现有文献对于"Apprenticeship Program"的界定，有些学者从学生的身份入手，认为"Apprenticeship Program"强调的是双元性，即该制度之下，参与的学生不仅是学生，还是职工。例如，清远职业技术学院院长赵鹏飞（2014）曾写道："现代学徒制从字面上理解是'现代'与'学徒制'两个词的组合，但实质上，它是一种现代职业教育制度，是企业工作本位职业培训与学校本位学历教育的紧密结合，是产与教的深度融合，其核心要素与基本特征是校企一体化双元育人；学徒具有双重身份，工学交替，岗位成才。"从该观点延伸，有学者认为，学生才是"Apprenticeship Program"的核心。例如，上海市发展规划研究室副主任胡秀锦（2009）认为，"现代学徒制"是一种以校企合作为基础，以学生（学徒）的培养为核心，以课程为纽带，以学校、企业的深度参与和教师、师傅的深入指导为支撑的人才培养模式。还有些学者认为，校企合作是"Apprenticeship Program"的重点。例如,北京师范大学职业与成人教育研究所教授赵志群(2009)认为,现代学徒制是一种将传统的学徒训练与现代学校教育相结合的企业与学校合作的职业教育制度。综上所述,现代学徒制是一种企业与学校共同搭建、学生参与的新型职业教育模式。在该模式下,学生在学校向老师学习基础知识,在企业向职工学习实践知识。现代学徒制是一种高职院校培养人才的模式,是市场推行的产物,更是一种现代职业教育模式。

1.1.1 培养模式

现代学徒制是一种符合职业教育规律的人才培养方式,也是我国高等教育极力推崇的一种教育模式。(雷承波,2019)我们应该对现代学徒制中的职业教育性或实践性有一个正确和充分的理解。总体而言,现代学徒制是一种注重实践的教育方式,这主要由于它利用工、学结合的方式反映企业的市场需求,表现企业内部员工的要求,但这并不意味着现代学徒制是一种较为简单、粗糙的教育模式。

1.1.2 市场产物

这里要理解"市场"的含义,即现代学徒制产生的根本原因是人才需求的变化。随着新时代的来临,我国人口红利期即将结束。随着社会经济增长方式转变、产业结构调整与技术升级,人才的需求发生了巨大变化。应对这种市场人才结构需求的改变,现代学徒制的

人才培养模式就是最佳选择之一，也是职业院校主动适应区域社会经济发展需求的重要举措。（赵鹏飞、陈秀虎，2013）

1.1.3　现代教育

从字面意义上来看，现代学徒制是"现代"和"学徒制"两个词的组合，但在现代学徒制的人才培养方式中，其最显著的特点在于培养目标与企业需要的人才方向一致（卢文阳，2022）。夏韩辉（2016）认为，现代学徒制是适应社会经济发展新常态的必然要求；是改革人才培养模式，实现校企协同育人，更好地服务社会的必由之路；是解决顶岗实习教学与管理困难的有效途径。当下，社会文化场域中的高职教育推行现代学徒制势在必行。现代学徒制使得学生学以致用，将习得的知识运用到实际之中；同时方便学生了解当前真实的市场经济环境，了解自己离开学校之后要面对的真实的工作环境，能够真正做到与时俱进。

1.2　现代学徒制基本特征及与传统课堂的关系

本节主要研究现代学徒制的两个基本理论问题。其中，现代学徒制的基本特征是现代学徒制理论中的核心问题，对于正确看待和把握现代学徒制有重要作用，对于了解知识产权框架下的现代学徒制的有着切实的理论指导意义。现代学徒制与传统课堂之间的比较，是目前国内学者讨论较少的一个问题，应该引起重视，这个问题也有助于大家理解现代学徒制在现有教育体制内的位置与作用。

传统学徒制是一种在实际生产过程中以口传手授为主要形式的技能传授方式,它是古代职业教育的遗产(芮小兰,2008)。现代学徒制与传统课堂相比较,有四个较为显著的基本特征:学生学徒的双身份,教学教导的双主体,师资师傅的双保障,培养过程的双控制。

1.2.1　学生学徒的双身份

在现代学徒制背景下,学生的双重身份意义不仅在于其在学习培训中所发挥的作用,更重要的是这种双重身份在很多方面都有明确的定位,如对知识、技能的获取,对职业生涯的规划,对人生的发展,等等。

传统学徒制中,学生只有一个身份并且学习时间较长。传统学徒制属于个别教育,学徒大多在完全自然的工作过程中随机学习,学徒期特别长,教育效率低下。但在现代学徒制的背景下,学生不仅是学校的正式注册学生,接受系统的专业理论教育和文化修养的培养,还作为企业的非正式在籍员工,从事具体工作任务。此外,他们也被视为企业的潜在员工或学徒,在经验丰富的师傅的精心教导下,深度融入实际的生产和服务流程。学生既要符合传统"双元"培养模式下教师、课程的要求,又要达到企业所需人才的双重标准,即具备一定的专业知识基础和技能水平。这样的双向角色设计让学生有能力在学校和企业之间自由转换,将理论知识与实际操作紧密融合,更深刻地理解和掌握所学知识。

传统学徒制作为一种特有的职业教育形式，其培养时间比较长，是一种全程教育。师傅在培训徒弟的过程中负有全面教育责任，包括传授职业知识和技能，读、写、算等文化知识教育及思想品德教育等。相较于传统学徒制，现代学徒制为了使学生全面掌握专业理论和基本技能，运用多样化的教学方法，如系统化的课堂教学、小组讨论和实验实训等（芮小兰，2008）。在企业实际操作过程中，学徒们通过参加现场操作、解决问题等具体活动，既学到了实践经验，又在师傅的口授和身体力行的示范指导下掌握了相关的专业技能。因此，高职院校与企业之间存在着一种双向互动的模式，即一方面需要学生接受相关的专业知识教育，另一方面又要注重对学生进行专业技能培训，这就是高职院校与企业之间存在的双重角色定位，保证了学生在知识、技能等方面的全方位、深层次提升，为今后走上职业之路打下扎实基础。

这就意味着学生不能只关心自己学业上的进步，还要主动思考自己今后在职业上的发展路径和在就业中可能遇到的挑战与机会等方面的问题。随着经济的发展，企业对人才综合素质的要求越来越高，高校毕业生面临着越来越大的就业竞争压力，他们必须在学校和企业之间取得一个既符合学校培养目标又符合企业用人标准的平衡点。另外，对于学生自身来说，通过这样有目的性的双向思考，学生能对自身在职业上的兴趣与特长有比较清晰的认识，有利于日后在职业上做出比较中肯的取舍，并由此在职业上获得比较成功的发展与成就。

双重身份对学生个人发展、社会适应能力的推动作用十分明显。

传统的学徒制主要强调学生作为一个独立的个体进行学习和实践的过程,双重身份则更多地关注从学生到职业人这一转变阶段的体验和发展。在这个转变过程中,学生在现代学徒制的环境下,如何在多个角色和身份之间灵活转换和适应,需要学生应对各种不同的学习场景和挑战。校企合作这种基于双重身份的培养模式,可以使学生在工作中获得双重认证的体验。这样的体验对于培养学生多方面的能力有很大的好处,例如,能够自我管理,能够增强在社会上的适应能力、团队合作能力和创新能力。双重身份不仅使其学生社会、企业的联系提早了,为其步入社会奠定了坚实基石,还能使其更好地融入社会。

1.2.2 教学教导的双主体

传统学徒制中,学生学习的方式是在现场亲自动手操作。徒弟在现场了解生产基本情况后,可以帮师傅做一些简单的辅助活,在胜任基本工序后,便可以在师傅的指导下进行系统操作,并过渡到独立工作。但在现代学徒制的背景下,"教学双主体"意味着学校与企业共同肩负着教学的责任,构建了两个既相对独立又互相联系的教学实体。(张可然,2015)学校与企业都为社会输送高素质技能型人才,但由于教育理念、人才培养模式等方面存在差异,导致两种不同类型的教学主体间关系不明确。学校作为一个传统的教育中心,肩负着教授理论知识的责任,并致力于培育学生的文化修养和基础技巧;企业是新型的教学主体,主要通过校企合作为学生提供实习实训环境,开展顶岗锻炼活动等,提升学生综合素质。因此,企业作为一个新兴的教育实体，肩负着为学生提供实践机会的责任，引导他们进行实际操作，并努力培育他们的专业技巧和职业修养。

作为教育的两个核心实体，学校和企业都有自己独特的教育资源，在教育方面也都有着显著的优势。学校师资力量一流，教学设备先进，理论教育、文化修养等方面都能为学生提供全方位的训练；企业具有全面的质量控制和成本控制的良好管理能力及技术资源。企业员工不仅拥有丰富的实际操作经验，还能为学生创造真实的工作场景，提供实际操作的机会。校企合作已成为当前中国高校人才培养模式中的一种重要形式，并取得了不错的效果。通过两方的紧密合作，达到互为补充、共享教学资源的目的，促进了教学质量的提高。

现代学徒制体系中，学校与企业间的教育交流是不可缺少的。校企合作以高技能人才培养为新模式，双方建立的有效交流机制是实现人才培养目的所必需的。为了更加有目的地调整授课内容与方式，学校必须对企业的招聘需求与职业准则有深入的了解；企业为了自身技术能力的提升而运用校企合作平台，也是实现人才培养目的所必需的。保证实践教学与市场需求相吻合，企业除了积极主动地参与到学校的课程设计与教学方案的制定过程中，还可以采用"以赛促教"的办法来引导学生主动学习，提高业务技能水平。所以，在校企合作过程中双方应该坚持"以赛促教"的原则。

此外，为了能够及时反馈教学成果、分析存在的问题，学校与企业之间应建立持续沟通机制，不断优化教学方法，不断提高教学质量。在现代学徒制中，教学的双重主体展现了教育与产业之间的深度结合,这不仅有助于提升人才的培养水平,还能促进教育与产业的深度整合,并进一步推动职业教育的创新与进步。目前,我国高职院校对"教学双主体"还存在着认识不足、缺乏顶层设计和运行不规范等问题,严重影响了教学效果及学生综合素质的提升。因此,在未来职业教育的实际操作中,我们需要进一步深化对教学双主体应用模式和实践途径的研究及探讨,以便为培育更多高质量的技术和技能人才提供强有力的支持。

1.2.3　师资师傅的双保障

传统学徒制中师徒之间关系亲密。我国向来有"一日有师,终身为父"的说法,学徒制早期主要形式为了承父业,然后过渡到师傅接收外人做徒弟,师徒间难免还保留着父子般的亲密感情。(王明刚,2016)"双师资培养"指的是在现代学徒制的大背景下,通过学校与企业之间的合作教育机制,共同培育既具备理论教学能力又有实践指导才能的"双师型"教育者。目前国内高职院校开展双师资队伍建设时,普遍采用"校企合作""工学结合"等方式来构建教师队伍。这一教育培养模式突出了教师应具备双重职责和能力,即既能有效地完成学校的教育任务,也能胜任企业的实际操作和指导工作。

其师资培养的核心理念是学校与企业之间紧密合作,其中学校为学生提供理论教育的资源和环境,企业则为学生提供实际操作的平台和真实的职业场景,所以以学生为主体开展教学活动的组织者是校企合作中的教师,他们也是联结校企合作的纽带。双方共同拟定培训计划,为实现资源共享、优势互补,明确培训目标和职责。"双师型"师资队伍的校企共建是高职院校提升人才培养质量的重要保障之一,是一种新型的教学模式。此类教师既要专业理论功底扎实、教学功底扎实,又要实践经验丰富、具有一定的指导能力。"双师型"教师队伍,不仅是高职院校发展的基础保障,也是高职教育改革创新的关键一环。教师队伍的培养目标是具备在学校环境中讲授理论知识的能力,致力于学生文化修养和基本技术技能的提升;帮助学生到企业学习专业知识,增强学生的专业技能,提升学生的综合素质。此外,还能为学生提供企业环境中的实务操作指导,并对学生进行职业技能、职业修养等方面的教学。

教师通过与企业的密切合作,更全面地掌握企业的生产流程、技术标准、市场需求等,并将理论知识融入实际操作,通过实用的教学方法,达到增强教学效果、提高教学质量的目的。使学生不仅能在课堂上学到知识,还能在实际操作中学到本领。因此,为提高专业教学质量,学校应加强对"双师型"教师队伍建设和"双师"结构体系建设的重视。

这意味着,学校和企业需要构建长期稳固的合作伙伴关系,携手为双方的师资力量制定培养计划,并对双方的责权进行清晰界定。另外,专业特色与当地经济需求相结合的原则也可以体现在课程设置上,并根据学生的就业情况做适当调整。通过签订合作协议、创建联合实训基地等各种方式,有力地支持双方师资力量的培养。

在此背景下,企业应积极为教师开展企业实践活动提供支持与协助,以促进教师更好地融入实践环境。企业需为教师提供实践操作、挂职锻炼等机会,帮助其明确方向,帮助他们在实践中积累宝贵的知识,并在实际操作中提升其专业能力。

双师资的培养在提升职业教育水平和促进产业与教育融合方面具有不可忽视的重要性。在当前高职院校的人才培养过程中,引入"双师资队伍"已成为大势所趋。这一举措不仅有助于培养既具备理论知识又拥有实践经验的"双师型"教育者,提高职业教育的整体质量,还能激发学生的学习兴趣,增强其实践动手能力,实现校企双赢的目标。此外,这也将深化学校与企业之间的合作关系,促进产业与教育的深度整合,为经济和社会的进步培养更多高素质的技术人才。

1.2.4 培养过程的双控制

现代学徒制要求教学过程双控,也就是要求学校与企业共同参与管理,包括制订教学计划、执行教学任务、对教学过程进行监控和评价等各个环节,使教学的质量和成果达到既定目标。但传统学徒制以职业实践为中心来组织教学内容。师傅不仅让徒弟重复机械操作,还忽视技术经验的传授。(芮小兰,2008)这便突出了现代学徒制教学模式"项目导向+校企融合"的特点,要求高等职业院校与企业建立紧密而有效的联系,以促进双方的合作与共同承担的责任。这一控制策略重点突出双方之间的协同配合与各负其责,以使教育资源得到最优化的配置和教学效果得到最大限度的提升。

在教学过程的双重控制中,学校与企业间的合作与互补优势得到了强调。在高校开展校企合作人才培养模式改革中,应遵循"政府引导、社会参与"的原则。作为教育的核心机构,学校有责任提供丰富的理论教育资源和优质的教学环境;企业则是知识创造主体,主要为教师提供技术支持和人力资源保障。作为实践的主体,企业有责任提供实践的平台以及职业方向的指导。两者在课程开发、教学模式、教学管理、人才培养模式方面存在着一定的互补性。双方通过合作制订教学方案、执行教学目标等多种手段,达到教学资源的有效共享和相互补充,提升教学成效。随着经济全球化进程的加快,市场对人才提出了新要求,学生不仅要有扎实的理论知识,还要有较强的实际操作能力。鉴于市场的需求和技术的持续进步,学校和企业必须持续地调整他们的教学方案和内容,以更好地满足市场不断变化的需求。

人才培养过程需要双方不断参与,共同承担责任,从制订教学计划到执行教学任务,再到评估教学成果。所以,必须建立有效的质量监控体系。通过周期性的教学质量检查、收集学生反馈信息和效果评估等多种手段,能够及时识别和解决存在的问题,确保持续稳定地提高教学质量。随着教学改革的不断深入,校企关系日益密切,但同时也存在着教师对人才培养目标理解不够透彻、课程设置不够合理等问题。学校和企业要联手制订教学规范和标准,确保教学质量与成果相一致。教师为实现教育资源共享、优势互补,可根据自己的专业特点和自身能力水平,确定具体的实施计划。这些确立的标准和规范应旨在为双方在教学活动中的合作提供方向,明确教学内容、方法、资源和效果评估等。

学校和企业要建立经常性的沟通与协调机制,确保授课过程中的信息交流和协作是顺畅的。校企双方要积极落实人才培养方案的制订和实施工作,在课程建设、师资队伍培训和实训基地建设中发挥积极作用。采取经常性组织教学会议、分享授课心得、解决教学难题等多种途径增强互动与合作。随着高职高专人才培养模式改革的不断深化,校企深度融合已成为一种趋势,"工学结合"的教学模式是实现这一融合的有效途径。把实践教学摆在重要位置,既有利于培养学生的职业技巧和职业修养,又有利于促进教学质量的提高。从这一点看,"工学结合"的教学模式是当前现代学徒制中一个行之有效的培养途径。

目前我国大部分高职院校都没有设置专门的实践课程,而是将其作为理论学习的延伸。因此,为了确保实践教学的高质量和良好效果,学校与企业都应该对实践教学环节进行更为严格的管理和监控。在开展实践教学活动时,要从多方面入手来完善实践教学管理,以提升人才培养的有效性。这涵盖了制订实践教学方案、供应实践教学所需的资源、为实践教学过程提供指导及对实践教学成果进行评价等多个方面。

实施双重控制,对提高职业教育的总体质量、促进产业教育的融合、培育高质量的技术和技能人才,具有不可低估的重要意义。校企深度联合作为实施双元制职教模式的重要途径之一,对于深化学校与企业间的协作与联系,达到教育资源的最优利用,增强学生的实际操作技能和职业素养,提升其在就业市场上的竞争力和社会适应能力,具有不可忽视的作用。

1.3 现代学徒制的本位阐释

现代学徒制的本位阐释,指的是如何从人员构成角度看待现代学徒制。从根本上来说,现代学徒制由学校本位、学生本位及企业本位三方面构成。因此,现代学徒制可以从三个角度进行阐述。

1.3.1 学生视角下的现代学徒制

学生视角下的现代学徒制强调学生具有双重身份,即学习模式的转变使得实践与理论相结合。现代学徒制强调"学中做、做中学",学生在学校学习理论知识的同时,也在企业进行实践操作,这种模式使学生能更直观地理解所学知识,并将其应用于实际工作。这种双重身份使学生能更早地接触职场环境,了解企业文化,为将来的就业做好准备。同时在就业方面,现代学徒制在运行过程中,要求学生与企业签订合作协议,学生入学时就明确了未来的就业方向。这种定向培养方式使学生能更专注于所学专业,提升就业竞争力。部分企业还会在实习期结束后直接录用表现优秀的学生。现代学徒制的运行机理如图 1-1 所示。

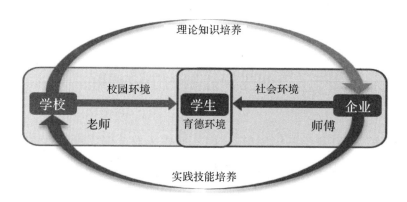

图 1-1　现代学徒制的运行机理(陈庆、王杭芳,2023)

以浙江建设职业技术学院为例,其通过课程设计(学生学习基础课程、专业课程、岗位课程)完成学生对于行业的认知(图 1-2)。最后经学院和企业考核、协会认证合格,颁发毕业证书和行业实践认证两本证书,推进学生、学徒、准员工、员工四个层次的职业能力和身份转变,使学生明确所学专业内容,了解行业现状,明确未来方向。

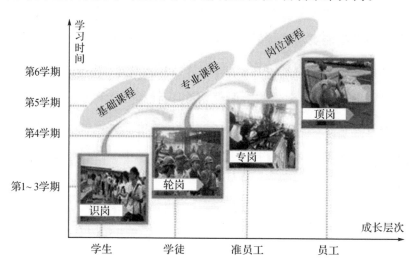

图 1-2　浙江建设职业技术学院现代学徒制课程运行模式

(图片来自 https://www.sohu.com/a/212122351_200190)

1.3.2　学校视角下的现代学徒制

学校视角下的现代学徒制，强调的是如何将学校资源与企业资源相结合，使学生最大程度地融入就业环境中，帮助学生认识自己所学专业，了解即将要面对的行业现状，确认自己未来的就业方向。张瑞（2024）认为，学校在现代学徒制中，既满足了现代社会对于新型人才的需要，又拓宽了专业实践路径，还丰富了专业实践教学资源。

以上海科学技术职业学院为例，其与百度智行、上海蔚来、宝钢集团、施耐德电气等头部企业深度合作，共建企业冠名、真实投入、制度健全的"百度 Apollo 智能网联产业学院""蔚来人才储备班""法国施耐德绿色电气低碳技术应用中心"等特色班级和机构。校企双方分别投入人员、场地、设备等，成立职责分明的招生、教学等组织机构，明确双方的职责与分工，以及招收企业学徒的目标、标准、任务、岗位要求、考核标准和保障措施等。确立校企联合招生招工、共同培养、多方评价的双主体育人机制。同时开展双导师教学，开发企业学徒课程，开展学徒综合实训和学徒岗位实习，组织考核评价，实施一体化培养。经过两年的学徒试点工作，现代学徒制人才培养取得了明显成效，实现了学徒、学校、企业三方共赢协同发展。具体来说，上海科学技术职业学院与蔚来公司共建"蔚来人才储备班"，双方签订培养协议，制订培养方案，采用互渗交替的方式实施岗位培养；学生毕业后可直接到企业就业，这一模式下培养的学生岗位适应能力强，从根本上解决了学生的就业问题。

1.3.3　企业视角下的现代学徒制

从企业的角度来看,现代学徒制主要以推动学生的职业发展为根本目标,使学生能够完全适应企业岗位的实际需求,培养企业需要的技术技能型人才,实现校企培养有效对接。在这个过程中,企业以用人标准为导向,共建培养方案,同时将产学研集于一体,与学校共同创建双导师团队,最后以校企双元评价考核的模式,使得学生最终获得校企双方认可。(左丹,2024)

上海科学技术职业学院的校企共建案例已经体现出校企双方中企业的参与度。下面,我们通过天津商务职业学院与天津软通动力科技有限公司的校企共建案例来进行更深层次的理解。"软通动力学徒班"由学院和软通公司共同修订教学计划组织教学活动,校企双方共同承担教学任务,强调实践实训。天津软通动力科技有限公司以硬件设备作为资金投入,与学校签订校企实习基地共建协议。采用"学生—学徒—学徒工"三年进阶培养,将日常学习和生产实践有机融合,理论教学和科学研究有机融合,构建了学校与企业对接、学习岗位与生产岗位对接、教学过程与生产过程对接的"一平台、两融合、三对接"现代学徒制人才培养模式。校企联合以"软通动力学徒班"名义开展招生招工宣传,采用先招生后招工方式,由校企共同完成招录工作。第一年学习后由学院组织技能基础知识考核,企业组织面试与考生交流,考核学生的职业道德、敬业精神、责任意识、自我控制能力、团队合作等职业素质,确认是否具备现代学徒制培养的基础能力。学生通过双项考核后签订教学协议和学徒、学校、企业三方协议,企业确保学徒的报酬及保险权益。校企共同完善校企双导师选聘标准,并按照制度对学校教师和企业师傅进行考核奖励,校企共同制订指导教师挂职培训计划,对教师进行培训,形成校企互聘的"双师型"师资队伍以及软件技术专业校企互聘教师人才库。经过多年的建设,该学院现已建成 2 个"双师型"教师培养基地、4 个示范性生产实训基地、1 个校企共建技术协同创新中心。

1.4　知识产权视域下现代学徒制的特点

现代学徒制能够发展到今天,主要在于学校、学生及企业三方之间的相互配合。但在合作过程中,学生难免会接触到学校、企业的核心"机密";同时,在学习过程中,学生可能会基于所学知识和技能进行创新或发明新的技术、方法或者成果。以上两种情况便触及知识产权的相关问题。本书基于吴汉东先生的"知识产权的学科特点与人才培养要求"和刘家枢、王向东先生的"现代学徒制度变革本质特点与建立路径研究"内容,整理出知识产权视域下现代学徒制的特征模型(图 1-3)。模型内容主要分为两大板块:一是知识产权视域下现代学徒制的基本特征;二是知识产权视域下现代学徒制的突出特征。模型强调知识产权视域下现代学徒制的创新思维驱动、权责划分明确、产权归属清晰以及奖励机制鲜明等突出特征,并认为知识产权的保护可以运用到不同的学科领域。适当、合理的知识产权保护,能够激发学生参与的积极性和企业合作的热情。

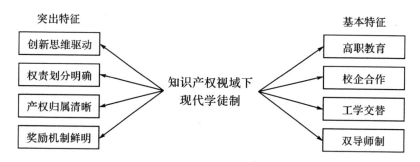

图 1-3　知识产权视域下现代学徒制的特征模型

注：源于吴汉东(2007)，刘家枢、王向东(2016)相关文章内容。

　　知识产权视域下现代学徒制的突出特征是强调创新思维驱动——强调学生的实践能力和创新能力。在现代学徒制中培养学生的创新意识和能力就需要鼓励学生在学习过程中进行探索和尝试，鼓励学生将所学知识和技能应用于实践，并创造出新的知识产权成果，推动技术的进步和创新。

　　知识产权的保护为学生提供了创新成果的保护机制，鼓励他们积极参与创新活动，并将其转化为知识产权。掌握知识产权知识和技能的学生在就业市场上更具竞争力，更容易获得优质的工作机会。首先，明确各方权属责任。各方责任划分清晰，各方权利和义务明确，学生在学习过程中接触到的企业机密和知识产权的归属，以及各方在知识产权方面的责任和义务都应明晰，学生学会保护自己的知识产权，并尊重他人的知识产权。其次，知识产权归属清晰。建立清晰的知识产权归属机制，保护学生、学校和企业各自的权益，明确规定、保障各方利益。避免知识产权纠纷，鼓励教师和学生进行科研创新，并积极申请专利、著作权等知识产权，促进科研成果转化。再次，奖励机制鲜明。建立完善的奖励机制,激励学生参与创新和知识产权保护,培养具有知识产权保护意识的人才,降低企业在知识产权方面的风险和成本,促进现代学徒制的良性发展。

综上,本文从现代学徒制的结构出发,通过剖析现代学徒制的结构与规律,论证了知识产权视域下现代学徒制的特征模型,为现代学徒制的发展提出行之有效的意见与建议。

第2章

现代学徒制在典型国家的沿革：制度实践与制度流变

本章主要目的在于回答"现代学徒制从哪里来"这个问题。主流学者认为，中国目前的现代学徒制起源于20世纪80年代末，欧美国家借鉴传统学徒制构建起新时代现代学徒制。（张秋埜，2019）本章以澳大利亚、英国和德国现代学徒制的发展路径为线索，介绍其发展脉络，以便为我国现代学徒制带来一定的启示作用。

学徒制是古代社会技术传承的方式之一，本质是"学徒在师傅指导下习得知识或技能的学习活动"。随着社会与经济的发展，传统学徒制已不能满足当代社会生产过程的要求，于是现代学徒制应运而生。20世纪80年代以来，越来越多的国家意识到学徒制学习的优点和职业院校教育的不足。因此，为了适应现代生产的要求，一些经济发达的国家在传统学徒制的基础上融合了现代学校职业教育的优势，创造了现代学徒制。

2.1 现代学徒制在典型国家的实践与流变

2.1.1 澳大利亚"新学徒制"

澳大利亚的"新学徒制"模式，包括"学徒制"和"受训生制"两种基本类型，由国家统一制定资格框架，以国家职业资格框架和"培训包"为培训依据，企业与学校共同合作完成教学任务。这种模式极大地保障了澳大利亚"学徒"的基本权益，只要涉及培训的各方中有一方不同意取消学徒培训合同，则该学徒培训合同就必须得到各方的遵守。澳大利亚"新学徒制"以学校为本位，强调在工作场所的学习时间必须占到 80％，学校的学习时间占 20％。这一点与德国的"双元制"模式和英国的"三明治"模式有着很大的不同。澳大利亚的"新学徒制"是以学校或培训机构为基地，用培训合同约束学徒。企业、学院和学徒三方在相互了解工作需求、培训要求等后协商签订培训协议并制定培训计划，其中企业主要负责学徒的实践培训，而培训机构则以知识培训为主，在完成相关的培训之后，所有人员均可获得全国统一的资格证书，并参与相关工作。

"新学徒制"是一种全新的人才培养方式，它打破了传统教育中学生在校期间接受严格的职业训练的观念，将职业培训作为一个完整系统来进行安排、实施和管理。澳大利亚的"新学徒制"虽然以学校为核心，但它特别强调工作环境中的学习时长应达到 80％，学校的学习时长应为 20%。因此,学生获得的技能水平要高于企业要求的水平。

另外,"新学徒制"与我国目前实行的职业教育制度不同,其对学生有更高的培养标准,要求学生不仅要掌握一定的专业知识,还要具有较强的动手能力及创新意识。企业与职业培训机构双方都有资格参加培训。

自 20 世纪 80 年代以来,澳大利亚成为国际化大都市,国际性的经济竞争使得澳大利亚产业结构发生了巨大变化:澳大利亚的支柱产业由过去的传统行业转向农业、矿业、机械设备、化工等,其中服务业、制造业、采矿业和农业成为新的四大主导产业。与此同时,澳大利亚内部出现了严重的失业问题。为避免失业问题上升为影响社会稳定的政治问题,澳大利亚开始了"新学徒制"的研究与改革。与其他发达国家相比,澳大利亚的"新学徒制"体系复杂,在培训、就业和管理等方面有时会出现重复的现象,影响了整个"新学徒制"体系的运作,降低了办事效率,甚至产生了一系列问题。

一是支持服务不到位。学徒在面临工资支付、培训协议咨询、寻求就业机会等方面的问题时,有时无法获得"新学徒制"服务中心的帮助。部分官员指出,全国 300 所"新学徒制"服务中心在提供相关的培训信息时存在误差,有时会传达不正确的信息,给学徒带来错误的指导。

二是就业机会不均衡。在澳大利亚农村地区和偏远地区,由于人口较少,地区市场经济发展速度缓慢,企业为学徒和受训者提供的就业岗位不足,存在就业机会不均衡的现象。

三是奖励制度不明确。据统计,澳大利亚有50%的学徒在前六个月的培训过程中会退学,而获得资助或奖励会给学徒带来巨大的鼓励和动力,但大多数学徒并不知道如何参与、获取这些奖励。52%的教师只专注自己的教学,对联邦政府和各州的各项奖励措施关注度不够;40%的学徒对于他们所在的培训机构是否有奖励政策也不了解。

四是培训过程中缺乏高质量、连续性的指导。绝大多数学徒的导师花费大量的时间对他们进行监督培训,却很少有导师进行相关的深入指导,只有30%的学徒可以接受正式的导师指导。这就导致大多数学徒对技能知识的了解不足,综合就业能力不够。

为解决澳大利亚新学徒制发展过程中产生的问题,澳大利亚采取了一系列相关措施。

一是改革澳大利亚资格框架、质量培训框架。澳大利亚资格框架(Australian Qualification Framework,AQF)在1995年开始实施,2000年,AQF在全国范围内实施。2005年前,资格框架中的职业教育与培训资格证书只有6级;2005年后,澳大利亚政府在职业资格证书中加了2级资格证书,职业研究生证书和职业研究生文凭,给学徒的职业生涯发展提供了一个更广阔的空间。澳大利亚质量培训框架(Australian Quality Training Framework,AQTF)是一套属于国家的职教培训质量标准,为澳大利亚职业技术教育与培训提供制度保障。2007年,澳大利亚政府决定用AQTF 2007代替原来的AQTF 2005,新的AQTF 2007由基本标准和其他标准两部分组成。基本标准由注册必须标准、州和领地负责注册事务机构标准以及优秀标准组成,其他标准包括课程标准与各州及领地地区负责认定课程机构标准两部分。

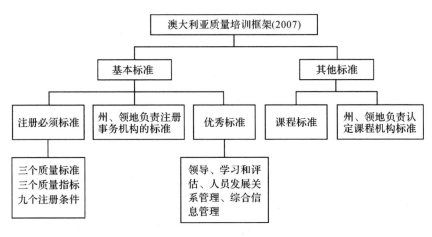

图 2-1　澳大利亚质量培训框架

二是改革"学徒激励计划"。澳大利亚政府每年都会拨给学徒制培训系统大量的经费补贴,为确保这些经费能够真正落到实处,各州及领地的行业技能委员会采取了 21 世纪专家小组的意见,对"学徒激励计划"进行了相关改革。改革后其主要包含个人补助项目、成人学徒支持项目、雇主激励项目、基础性激励项目和针对性激励项目。个人补助项目主要针对的是那些生活困难的学徒,目的在于解决学徒生活所面临的困难,避免那些因为生活困难而不得不放弃培训的学徒。成人学徒支持项目主要针对 25 岁以上的工人,目的在于鼓励 25 岁以上的工人参加学徒培训,从而提升自身的工作技能和综合就业能力。雇主激励项目主要针对参与学徒制培训过程中的雇主,对于那些处于恶劣环境的企业和提供高级证书培训的企业进行资助,以此稳定当地的经济状况和企业培训能力。基础性激励项目是最基础的项目，一般的澳大利亚学徒和雇佣学徒的雇主只要满足基本要求都可以申请该补助，目的是激发人们参与学徒制学习的积极性。针对性激励项目主要针对那些参与急需技能型人才行业的学徒制培训的企业、雇主和学徒，是为了培养行业紧缺的人才，解决行业人才紧缺的问题，促进经济发展。

三是建立国家质量委员会和新的质量管理局。2005年，国家质量委员会建立。它的成立是为了保障澳大利亚质量培训框架标准，保障认证课程质量、培训机构质量和学徒的培训质量。2011年6月，澳大利亚政府成立了一个新的国家学徒培训质量监管部门——澳大利亚技术质量管理局（The Australian Skills Quality Authority，ASQA），其主要职责是对各类培训机构进行管理，鉴定培训机构资质。

2.1.2　英国"三明治"体系

英国"三明治"体系是一种"理论—实践—理论"的人才培养模式，是一种以国家为主导的现代学徒制模式。"三明治"模式通过在校学习和企业实习相互交替的教学方式，实现提升学徒职业素养和综合能力的人才培养目标，由政府提供资金，将学徒培训与国家职业资格制度有机结合，只有获得相关的职业资格，才能从事相应的工作。"三明治"模式是由政府、企业、学校三位一体组成的循环机制。与德国"双元制"模式不同的是，英国加大了政府对现代学徒制的影响。英国政府通过加强法律与相关制度的方法为现代学徒制的稳步发展提供保障；在法律上保障了现代学徒制的地位，并用法律和制度规范学徒制发展的实施;同时英国政府基于自身的国情,对相关法律法规不断地进行优化和完善,以适应时代的变化。

2012年颁布的《理查德学徒制评论》审查了英国现代学徒制实施中的不足,这份报告展现了目前英国现代学徒制所面临的主要问题,如:因学徒制度框架转变而忽略了青年公民的教育素质,英国社会技能危机日益严峻,劳动力市场的人才技能层次和质量较低,企业参与现代学徒制的积极性和学徒的培训效果不够理想,各利益相关者的利益分配不均衡影响培训效率等。

为解决英国现代学徒制发展过程中出现的问题,英国采取了一系列相关措施。

一是转变目标重点,多种方式相结合来提高学徒培养质量。自2013年实施以企业为主导的"开拓者项目"以来,英国政府逐步确定了以质量为核心的培训准则,倡导企业重新设计、制订学徒制的改革方案和新的学徒标准。2013—2015年,英国启动了五个阶段的开拓者项目,明确新的学徒制制度标准,实行"宽进严出"标准来提升学徒的技术水平和职业素养。2013年,英国政府重新修订了《英格兰学徒制标准规范》,将高等学徒制扩展延伸到了6级(相当于学士学位)和7级(相当于硕士学位),形成了独特的7级体系,打通了现代学徒制的晋升通道,提高了现代学徒制与高等教育之间的互通性,为学徒的发展提供更多的可能性。

二是强化企业主导地位,提升企业参与现代学徒制的积极性。英国自2013年实施以企业为主导的"开拓者项目"以来,不断强化企业在现代学徒制实施过程中的主导作用,以此激发企业参与学徒制实施的积极性。2015 年 9 月，英国正式发布《企业法案》，并将学徒制纳入其中，规定企业必须为学徒提供高质量的技能培训、规范企业参与学徒培训。

三是保证各利益相关者的利益分配平衡。自 2016 年 10 月起，英国提高了学徒的国家最低工资标准，并对不同年龄段学徒所需的培训经费进行不同程度的承担：16—18 岁学徒的全部培训经费由政府承担，19—23 岁成人学徒的培训经费由政府和企业对半分担，24 岁及以上的学徒由政府承担一半以上。政府还采取一系列措施来保障企业的实质性利益，以此刺激企业对学徒培训的积极性和主动性。

四是在法律层面明确学徒制的地位，并根据自身国情持续对法律法规进行优化和完善，同时还出台了诸多法律，如《学徒制问责声明》《高等及学位学徒制指南》《学徒制、技能、儿童与学习法案》等，用于保障现代学徒制的落实与推进。

五是将普通教育与现代学徒制进行整合，转变大众对现代学徒制的看法。英国在 20 世纪 90 年代就开始实行教育资格框架改革，以实现职业教育与普通教育之间的平等和互通，以等级的方式将各类资格证书进行区分，并建立起统一的资格标准，增强学徒进一步接受高等教育的积极性，形成终身教育体系。同时学徒取得的资格证书在全国范围内都获得认可，这方便学徒进入就业市场获得工作。

2.1.3　德国"双元制"体系

德国开创了校企双方深度合作、职业学校理论教育与企业技能培训密切结合的"双元制"体系。"双元制"学制为期 3 年，在该段时间内,参与者每周有三四天以"学徒"的身份参与企业的实践培训,余下的几天,则作为"学生"在学校接受理论教育。"双元"既指"学校"和"企业"的二元主体,又指被培养者"学生"和"学徒"的双重身份。德国的"双元制"类似中国的"校企合作",与之不同的是:德国"双元制"以企业为本,企业是"双元制"的主要学习场所,承担三分之二的学习时间;德国还针对现代学徒制建立了较完善的法律体系,每一个学徒的行为都受到各州政府与联邦政府共同制定的法律的约束。

德国的"双元制"体系一直以来都是国内外反复探讨的主题。20世纪70年代主要讨论质量方面的问题;70年代末到80年代初,数量方面的问题成为主要矛盾;90年代末至21世纪初则集中在培训职位短缺的问题。到如今德国"双元制"体系面临着越来越大的挑战:学徒培训岗位不断减少;劳动市场监管不当,造成社会不平等;劳动力市场的人才技能层次和质量较低;企业内部培训机会短缺;企业与学校合作关系不紧密等。

为解决德国现代学徒制发展过程中出现的问题,德国采取了一系列相关措施。

一是建立健全完善的企业培训的法律法规。2000年之后,德国《联邦职业教育法》正式出台,"双元制"职业教育模式正式建立,直到2019年这一法案通过不断地修订、补充,以适应当今社会的发展情况,同时还颁布了一系列相关法案,如《手工业条例》《劳资谈判法》《工贸协会权益调控预备法》等,为企业参与"双元制"提供良好、稳定的环境。

二是确保企业与职业院校的良好合作。由于德国联邦政府和各州政府之间的职责分配工作不同,联邦的一级法律无法为职业学校制定具有约束力的条款。因此,德国通过 KMK 框架课程引入学习领域课程,取代了传统的职业学校课程,消除职业学校和企业的传统分工,使职业学校与企业都具备培养学徒的相关实践能力。

三是对企业内学徒培训进行监管,保证学徒考试的客观与公正。考试与考核是企业内规范学徒培训质量成果的重要手段。在德国,学徒在企业培训期间要经历中期考试与结业考试两次重要的考试。考试内容由行业协会负责,各企业提供监测过程中所需的材料和必要的文件,并由联邦国家最高当局进行审查,以此保证学徒考试的客观与公平。

与此同时,德国在法律制度上也对现代学徒制进行了保护。

德国政府制定的《联邦职业教育法》作为指导德国职业教育的基本法,明确规定培训企业和受培训者的关系及双方的权利与义务。通过颁布《手工业条例》为企业参与学徒培养提供了法律保障,授予企业、学校相关职权,为所有人提供开放免费的"双元制"入学机会。2017 年颁发的《教育体系内部融通衔接指南》规定了职业能力与高校学分的换算标准,为实现"职业教育与学术教育、实践学习与理论学习"的融合确立了制度保障。

注重技能的文化背景和价值取向,使德国形成了重视职业教育及现代学徒培训的务本求实的特性,为德国开展职业教育及现代学徒培训奠定了社会基础。2006 年以来,德国每隔两年定期出版《全国教育报告》,审查企业内学徒培训的现状,为如何提升学徒培训的质量提供了建议。2010—2013 年间,德国还实施了"发展并确保企业内职业教育与培训的质量"的试点计划,来提高中小型企业中学徒培训的质量。

2017 年德国政府颁发了《教育体系内部融通衔接指南》,规定了职业能力与高校学分的换算标准,提出了让职业教育高中毕业生获得普通高等教育机会的提案。通过普通高等教育和职业教育融合,开发"职业教育与学术教育、实践学习与理论学习"相融合的全新课程的方式,促进两种教育类型的共同发展、深度融合。

德国开创的"双元制"学徒制本身就是以校企双方深度合作、职业学校理论教育与企业技能培训密切结合为基础创立的。企业是"双元制"的主要学习场所,承担三分之二的学习时间,企业还须承担学生在企业培训时的津贴补助。学徒要想正式毕业,必须经历企业的培训,学生的毕业论文(设计)须由企业师傅负责确定并担任第一指导教师;学生毕业论文(设计)的答辩成绩同样由企业主导。

2.2 国外现代学徒制经验总结、分析与思考

在国外众多发达国家当中,单就现代学徒制的完善与成熟而言,德国和澳大利亚是其中的佼佼者。与其他国家不同的是,德国和澳大利亚的政策均是以学校为本位,但企业培训的时间占总培训时间的大部分。德国和澳大利亚都是从国家战略的角度出发,对职业教育法律、职业教育框架、职业教育标准、职业资格证书、学徒权益保

护、市场经济制度等方面进行研究，保证了现代学徒制的开展。具体来说，第一步是国家与各州一级管理部门提出有关职业教育的大纲及相关法律法规，分析并改正过去条例中的不足；之后由专家委员会、技术管理局、工会和商会等行业与培训机构之间进行相关协商，以及各州教育部下设培训机构之间进行协商交流；在得到相关反馈意见之后，由协调委员会和技术管理局进行最终决断。各方各自负有相对应的责任，层层把关，各式各样的问题经层层分析后能够得出相应的解决办法，并付诸实施。这种多方合作解决问题的结构加深了国家、企业和培训机构之间的联系，推动了现代学徒制的发展。

发达国家和国际机构近几年更加重视学徒制人才培养模式，认为这是一种有效的方法，可以满足技术和技能人才在经济增长和产业变革中的需求。在推行学徒制计划时，发达国家和国际组织通常都会遵循学徒制的基本原则，并建立健全的法律政策框架、有效的组织管理机制和有利于激发积极性的成本共担模式。他们积极推动学位学徒制项目的发展，以满足新兴行业对人才的需求，使系统的适应能力显著增强，对家庭的吸引力也随之增加。同时，这些国家和国际组织又根据本国国情制定并完善相关法律法规，保障了学徒制健康有序地运行。虽然我国已经制定《中华人民共和国劳动合同法》，但与发达国家相比，还存在一定的差距，需要进一步完善相关法律法规，完善监管体系，促进中国特色学生培养模式的发展，加强校企合作。

2.2.1　校企融合

在全球范围内,通过学校与企业相结合的双重教育方式发展起来的工作和学习相互交替、在岗位上接受培训、学生担任双重角色等是现代学徒制的普遍特征。现代学徒制被世界各国承认具有较高的职业教育水平。例如,德国的学徒制课程是基于特定的框架计划来进行教学的,其中工学的交替是通过阐释的方法来实施的。我国的现代学徒制在实施过程中也遵循了上述规律。

各个国家的学徒制成功地将劳动雇佣制度与教育体系进行了有机融合:从教育模式的角度看,它强调了工学的交替和岗位的培训,也就是将以企业为中心的培训与以学校为中心的教育相结合;从制度角度看,通过学徒的双重角色,实现了学校与企业的共同责任和双重教育目标。在我国当前职业教育体系中,由于没有明确的国家层面的法规对学徒制进行规定,导致企业与学徒之间的权利义务关系模糊不清。换句话说,企业作为教育的主体和学徒的双重角色都依赖于法律、政策以及资金的全面支持与保护;也就是说,需要将劳动雇佣制度与教育体系进行有机融合。

2.2.2　立法保证

发达国家非常重视法律和政策对学徒制的扶植作用,他们为确保学徒制在法律和政策上得到充分支持,建立了系统清晰的法律政策框架。我国在制定和完善学徒制法律法规时,应借鉴国外经验,结合中国国情，从立法层次上进行合理划分。各国的法律和政策具有几个显著特征：首先，它们在国家和地方层面都制定了与学徒制相关的多层次法律；其次，与学徒制有关的法律条文涵盖了学徒制人才培训的每一个环节，有力地推进了学徒制的实施；最后，学徒制的相关法律具有很强的操作性，并明确规定了所有参与方的权利和责任。发达国家对实施学徒制进行了大量立法，并取得显著成效。例如，为英国现代学徒制组织和管理提供法律支持的《学徒制、技能、儿童和学习法案》于 2009 年在英国发布。从 2017 年 4 月起，征收税务作为训练及评比活动的重点经费来源。类似的法律是由美国、瑞士等国制定的，在联邦政府的管理和职责中，包括学徒制。

此外，许多发达国家为了鼓励企业参与项目，特别是针对各种规模的中小企业，以及那些能够提供合格培训师或指导项目的企业，国家都实施了相关支持政策。许多发展中国家也纷纷制定相关法规来鼓励企业参与学徒制。有的国家还通过提供报酬和社会福利激发企业参与学徒制度的积极性。

2.2.3　制度保障

各国在实行制度的过程中，中央与地方政府合作的组织与管理体制，都是按照各自的政治制度建立起来的。其主要有决策机构、咨询机构、监督机构、管理机构，还有教学机构，等等，这些都是很重要的。我国目前还没有形成统一且完善的学徒制组织与管理体系，但已经积累一些经验，可以借鉴国外这些实践经验来推进我国的学徒制发展。

从以上分析可以看出，各国已经有较完善的机构设置。这些机构与管理体制的一个主要特点是其整体性。首先，相应的机构与管理架构从中央到地方应全部建立起来；其次，职责划分清晰，中央政府的学徒制管理机构主要负责决策和监督，地方政府的学徒制管理机构则主要负责管理和教学实施；最后，其他如行业协会、工会等组织也需积极地参与学徒制的管理，这体现了学徒培训的专业性。各种制度的落地实施，使学徒制落到实处。

2.2.4　成本分摊

学徒制的参与者非常多，主要参与者涵盖了各类企业、教育机构和政府机构，企业构成了这个体系的核心部分。学徒制在各国都存在不同程度的成本问题，尤其在发达国家中更为突出。为了减少学徒和公司的开销，各国依据其行政管理制度，制定了与本国实际情况相匹配的学徒成本分摊策略。

在我国现行体制下，政府与企业之间存在着信息不对称问题，因此有必要借鉴国外经验，完善我国的教育成本分担机制。其显著特点包括：一是通过税收减免、政府补贴、用工激励等多种手段，政府给予企业经济补贴；二是通过各种途径提供资助，如基金、贷款、奖学金等；三是采取"政府主导"与"市场引导"相结合的模式，制定实施"学习计划"。有些国家已经积累了一些完善的经验，如加拿大安大略省通过建立涵盖补贴、税收减免、雇主奖金、贷款发放和奖学金费用分享等多个方面的制度，使得联邦政府和省政府共同参与到现代学徒制中。

2.2.5　学位制度

为满足经济增长和产业结构转型带来的人才需求,英国、法国等纷纷推行学位学徒制。我国高校应从实际出发,探索适合自身特点的学位学徒制人才培养模式。学位授徒制度有五个显著特点:一是培养忠诚度和性价比都高的专业人才,这些人才是经济增长和产业变革所必需的;二是企业与学校产教融合实现了更深层次的融合;三是强调了职业教育和学历教育的紧密结合,两者之间成功地实现了有机融合;四是预示着师徒感情吸引力陡增;五是保证了职业教育与普通教育在制度层面上无缝对接,实现了职业资格证书与学位文凭证书的有机结合,两者相互衔接、相互促进。

从国际经验看,学徒制是一种有效促进高等教育质量提升的机制。2015 年,英国推出了"学位学徒制",分为本科(对应职业资格 6 级)和硕士(对应职业资格 7 级)2 个层次。这一制度吸引了包括伦敦城市大学和考文垂大学在内的 87 所大学以及 68 个包括空客和劳斯莱斯在内的企业,他们开始实施高等学徒制和学位学徒制。目前,剑桥大学也已经加入这一体系。

2.2.6　监督管控

为制定高质量的现代学徒制标准,一些国家构建了由行业协会牵头、多方共同参与的体系。一些发达国家的职业资格证书,如德国、英国等,都有专门针对培训的认证体系。行业协会作为项目的核心执行机构、作为项目的基石,为其制定学徒制标准、推动技能发展发挥了"知识中心"的重要作用。事实上,荷兰等国的行业协会也对培训体系的规定起到了至关重要的作用。行业协会通过制定高标准的教育培训内容和规范一致的标准,来确保培训的质量。

构建了一个以岗位技能需求为中心的高品质的学习与培训体系。因此,不少国家都将强化职业培训作为其中一项重要措施来推动经济增长。各国都十分重视学徒制项目的学习和培训质量,以保证受训人员在适应未来岗位转型和岗位发展需要的同时,能够胜任现有的工作需要。也就是说,通过广泛的、横向的、可转移的技能培训,以现有的岗位职业技能为基础,增强适应岗位变化、适应市场需求变化的能力。英国则将学徒培训纳入整个教育体系中,使职业培训与普通教育相互衔接,形成一个完整的系统。瑞士为填补企业实践和职业学校课程之间的空白,利用其行业培训中心向人们提供基础知识和跨行业的课程培训。另外,为了保证职业培训的质量,许多国家都制定了相关法规,将教师的资格认证作为重要标准之一。除了设定明确的技能标准,澳大利亚还进一步强化以能力为核心的教育模式,鼓励对公司的培训师和教师进行专业能力培训,以确保教育团队的高质量,并优化他们的工作环境。教师要经过用人单位的严格考核和审核,既要符合《培训与鉴定》培训包规定的技能标准,又要符合职业教师的职业技能要求。

构建一个多方共同参与的学徒制质量监控和管理体系。其中,欧盟在促进学徒教育方面发挥着重要作用,尤其是在学徒制质量保证与评价等问题上有较为完善的制度设计和监管措施。(罗洁、贺永刚,2019)很多国家都制定了实施和监控训练的计划。机构,由三方或双方共同组成。例如,德国推出了旨在促进制度进一步发展的新国策。其"双元制"战略不仅进一步强化了以企业为核心的校企合作教育模式,还建立了以行业协会为核心的德国联邦、州、地区监管机构三级学徒制管理体系,保证高水平的训练质量。(崔晓杰、关晶,2020)

2.2.7　指导方针

2015 年,欧盟的 27 个成员国共同制定了《高质量学徒制 20 条指导原则》,以全方位促进高质量学徒制的实施。该指导原则在欧洲乃至全球范围内产生了重要影响,也对中国企业将来开展高质量学徒制具有一定的借鉴意义。这 20 条指导方针可以划分为四大部分:一是政府部门参与、社会成员参与;二是关于鼓励以各种规模参与师徒制度的企业,特别是中小规模的师徒制度;三是职业指导的方法要更加优化,学历体系的吸引力要增强;四是勤工俭学要保证高质量。在前文中,我们对德国"双元制"职教模式从职业教育的理论与实践相结合的角度进行了全方位的剖析。这些分析的目的是应对在国家系统、职业培训供应商和企业等多个层次上所遭遇的问题和挑战。(费玄淑,2012)

国际劳工组织还推出了高品质学徒制计划的整个生命周期,并设计了一套工具,旨在促进全球学徒制的实施,解决众多国家的青年失业问题。在我国,随着经济的发展和就业压力的增加,对学徒培训也越来越重视,但目前国内还没有形成统一的标准和要求,这就给企业实施带来了困难,因此需要借鉴国际经验进行改革创新。国际劳工组织建议,在制定高质量学徒制方案的整个生命周期时,需要从六个不同的角度进行考量:一是进行有意义的社会交流;二是需要一个强大的监管结构;三是明确各自的职责和角色;四是确保资金的公正分配或成本的公平分摊;五是劳动力市场的强劲相关性;六是完善的法律体系和监管机制。

总之,现代学徒制制度的实务操作需要经历四个关键阶段。第一阶段是要有高质量的计划。这就意味着我们要把制度战略与国家职业资格认证体系中劳动力市场及国家的实际需求紧密结合起来。第二阶段是进行学习,包括理论学习、实际操作训练及相关技能考核。此时的任务是准备高质量的培训设施,这意味着要确保每个培训场所都配备了充足的设备和资源,根据特定的培训环境或某个行业和部门的课程标准来制定。第三阶段是建立一个完善的学习制度。在这个基础上再进行相应的管理,保证每一名学员能够接受到高质量的教育。实施学徒培训是第三阶段的主要任务。第四阶段是学徒的考核评价。培训结束后的第四阶段是对其质量的评价和持续优化。

第二篇

现代学徒制：知识产权的法理基础与制度实施

　　前文对现代学徒制进行了介绍，包括国内外现代学徒制的比较分析，总结得出目前现代学徒制应当加强对于知识创新、知识产权归属等问题的关注，同时还构建了现代学徒制中知识的流变机制，强调知识从师到徒之间的运行原理。知识产权在现代学徒制中起到一个至关重要的作用。本篇以现代学徒制中的知识产权产生为研究对象，探讨知识产权如何最大限度地激发现代学徒制在当下高职教育中的作用，推动高职教育发展。

　　本篇内容是在现代学徒制的基础理论之上对知识产权法理和政策实施的进一步探讨，进一步分析和研究了知识产权的法理基础、知识产权的形成与归属机理，并将其延伸至现代学徒制框架中，帮助大家了解学校、学生及企业之间所产生的知识产权究竟应该何去何从。

第3章

知识产权体系下现代学徒制构建的哲学思考

学徒制的核心理念是"在师傅的引导下,学徒们进行知识或技能的学习",它是一种知识的共享和转移机制,其最显著的特征是一对一的"传授、协助、引导"。其中,最重要的是通过师徒双方对各自所掌握的相关技能进行反复练习来获得一种新技术。师徒之间技艺的传递和相互学习的核心在于他们之间"隐性知识"和"显性知识"的持续互动和转变,这是他们共同进步和成长的关键,也涉及了知识的创造与传播。

3.1　知识创造与共享

3.1.1　知识创造

在知识学习方面,中国主要侧重理论知识的传授,国外则更侧重强调实际操作和应用。目前中国对理论教学更加关注,但对实际动手能力的关注相对较少。相较于国外学生,中国学生在创新意识方面表现相对较弱。在各个课程的学习报告、设计报告或期末考试中,中国的教育体系都更加注重学生答案是否达到了预设的"标准"。即便在企业环境中作为"学徒",学生也投入了大量时间进行相关知识的培训和学习,真正的实践操作并不是特别频繁;而且中国教育往往只强调对知识点的记忆,而忽略了将所学到的内容应用于实际生活当中。

相较于此,国外的教育更倾向于强调实践和实践中的创新思维,鼓励学生从被动学习转变为主动学习,激发他们独立思考的意识,并培养他们与他人进行有效沟通、交流的技巧。但从调查来看,大部分外国学生都认为自己的创新能力比较强,却很少有人能够把这些优点运用到实际生活当中去,这是因为他们没有掌握有效的学习策略。可以说西方的教育体制展现了中国教育体制的不足。

尽管中国的学生在教育实践中失去了大量实际操作的机会,但从小受教育体系影响,他们在学习新知识时采用了统一的学习方法,因此中国学生的学习进度和深度都不会太差。此外,由于实践操作在学习中占比相对较少,大部分学生更倾向于参与相关的实践学习活动。在国外,由于学生从小就处于一个自由、开放的学习环境中,这就导致他们的学习态度不够认真,学习氛围也不够浓厚,使得他们对新知识的学习不是特别投入,责任感不强。

在知识的传播和转换方面,国外高度重视"隐性知识"(也就是实践操作)的传播和转换;中国则高度重视"显性知识"(即理论知识)的传授。通过对比研究发现,两者都以培养人的综合素质作为出发点和归宿,但前者侧重对学生动手能力、创新能力和创新意识等方面的培养,后者则更加重视理论层面的传授。从一个长期的视角看,我国的教育制度为学生提供了坚实的学习基石。尽管他们可能会遇到新的知识,但他们仍然可以通过从小习得的学习模式来学习。由于从小实践操作的机会相对较少,大部分学生都对实践性的学习充满热情。另外,中国教师对自身的教学方式比较重视,并且能够结合具体的教学内容进行适当的创新,这就使得很多学生在进入学校后能够很快掌握相应的专业知识,提升自身能力。

所以,重视对学生实践能力的培养,才能提高教学效率。总的来说,中国学生在面对社会挑战的时候,可能刚开始会受到一些不良的影响,因为他们缺乏实际的操作能力,但是,从小养成的高效学习方法和认真学习态度,使得他们能够在最短的时间内,为了能够胜任本职工作、实现个人的目标,全身心地投入到新知识的学习中。

3.1.2　知识共享

在以现代学徒制为基础的学习中，学员能在一定程度上与导师相互沟通与协作，在工作环境中对所学知识进行分享与运用，能获得更加丰富的知识与经验积累，达到学以致用的目的。这样的知识共享方式不只有助于学徒的迅速成长、提升他们的技术能力，同时也有益于组织内的人才发展和知识的传递。通过在学徒制内的知识交流，年轻人能更迅速地适应职业环境并增强生产效益，因此培养了众多有丰富经验的员工，这对组织的长远成长极为有益。在本节中，我们将主要阐述国内外知识共享相关理论，深度挖掘知识共享背后的支撑机制，并且进行国内外理论的比较，强调知识共享在现代学徒制中的运行机理。

研究知识共享的过程一直是全球学者关注的焦点，尤其是日本著名教授、全球知识管理领军人物野中郁次郎[①]所提出的 SECI 模型

---

① 野中郁次郎，日本著名学者，1958 年毕业于日本早稻田大学电机系，随后进入日本富士电机制造公司服务，后来他赴美国加州大学伯克利分校深造，前后共花了 5 年半时间取得商管硕士与博士学位。野中郁次郎是知识管理领域被引述最多的学者，被誉为"知识管理理论之父""知识管理的拓荒者"。他提出了 SECI 模型，其中社会化（Socialization）是指通过共享经验，将隐性知识从一个人传递给另一个人，如师徒之间的言传身教，徒弟通过观察、模仿和实践，学习师傅的技艺和经验。外化（Externalization）是将隐性知识转化为显性知识的过程，通过语言、文字、图表、模型等方式将个人的经验、直觉、洞察力等表达出来，使其能够被他人理解和共享。组合（Combination）是将显性知识进行整合、系统化和重新组合的过程，如将不同来源的显性知识进行整理、分类、分析和综合，形成新的知识体系或理论框架。内化（Internalization）是将显性知识转化为个人的隐性知识，通过实践和体验将知识内化为个人的能力和素质，如员工通过学习公司的规章制度、操作流程等显性知识，将其转化为自己的工作技能和习惯。野中郁次郎认为，隐性知识是企业创新的重要源泉，它难以用语言描述，源自个人的体验，与个人信念、视角及价值观等精神层面密切相关，是企业竞争优势的关键所在，因为它具有独特性和难以模仿性。

最为知名。Gunnar Hedlund[①] 推出了一个全面的知识转化流程模型,该模型由显性知识和隐性知识在个人、团队、组织内和组织间等四个不同层面之间的相互作用所组成。Myrna Gilbert 和 Martyn Cordey-Hayes[②] 在早期提出了一个涵盖知识获取、知识交流、知识应用和知识接受四个阶段的知识转移模型。经过深入研究,他们对原有模型进行了修正,加入了知识转移过程中的"同化"阶段,形成了一个全新的知识转移五阶段模型。Inger V. Eriksson 和 Gary W. Dickson[③] 提出了一个全新的知识共享和创造模型,该模型涵盖四个影响知识共享和创造的主要因素,分别是 TI 基础设施、推动者、知识共享流程

---

① Gunnar Hedlund 提出 N 型组织概念。1994 年,斯德哥尔摩经济学院的 Gunnar Hedlund 提出了 N 型组织(N-form organization)的概念。他认为 N 型组织要比传统的 M 型组织更高级,能更好地适应新出现的知识型组织设计的要求,可从"经济学、组织理论和战略管理学之间的灰色区域"中汲取综合性的智慧。N 型组织模型对两类知识,即隐性知识和明晰知识,以及四种社会集合,即个体、群体、组织、跨组织领域做了综合分析。他把与知识创造、传递及使用有关的动力引入了模型,形成了一个以三十基本因子为基础的结构。Gunnar Hedlund 指出,知识传递与转换包括明晰化与内化、扩展和挪用、同化和传播等过程,组织通过知识的传递、储存和转换实现知识创造,反过来要求组织采取 N 型设计。他还认为一个组织中对话的数量和质量对于知识管理类型和有效性的影响非常关键。

② Myrna Gilbert 和 Martyn Cordey-Hayes 两位在 1996 年发表了《Understanding the Process of Knowledge Transfer to Achieve Successful Technological Innovation》一文。在这篇文章中,他们最初提出了包含知识获取、知识交流、知识应用和知识接受四个阶段的知识转移模型,之后又经过研究完善,加入了"同化"阶段,形成了知识转移五阶段模型,为理解和研究组织内的知识转移过程提供了重要的理论基础,对后续知识管理领域的研究产生了深远影响。该模型为理解组织内的知识转移过程提供了一个清晰的框架,有助于组织更好地管理知识转移,提高知识管理的效率和效果,促进组织的学习和创新。通过明确知识转移的各个步骤,组织可以有针对性地采取措施,优化每个环节,从而提升整体的知识水平和竞争力。

③ 2000 年,Inger V. Eriksson 和 Gary W. Dickson 共同发表了关于共享知识创造模型(SKC)的研究成果,该研究对 SKC 模型的适用性进行了探讨,并在新产品开发(NPD)场景中进行了测试,探索了模型中的四个因素,即 SKC 过程、支持流程的 IT 基础设施、催化剂、组织问题与 SKC。他们研究了共享知识创造(SKC)模型的适用性,以之前的试点研究为基础,在北欧两家高科技公司的四个新产品开发项目中对该模型进行了测试,探讨了模型中的四个因素,即 SKC 过程、支持该过程的 IT 基础设施、促进因素以及组织问题与 SKC 的关系,为知识管理在高科技企业中的实践和研究提供了参考。

以及价值观、规范和程序。

中国学者中，单雪韩认为知识的共享既是知识所有者将知识转化为外部形态的行为，也是知识接收者将知识转化为内部的行为。周晓东和项保华在总结前人研究成果的基础上，提出理论上存在三种不同的知识转移模式：一是基于显性知识和隐性知识相互转化的SECI模式，二是基于信息传输的知识转移模式，三是基于行动与结果联系的知识转移模式。张建伟等人则从组织内部因素、外部因素两个角度探讨影响企业知识转移效率的关键因素。谭大鹏和霍国庆对前人的研究成果进行了全面的综合分析，将知识转移的过程分为三个阶段：转移前的准备阶段、知识传递阶段和转移知识整合阶段，并构建了一个通用的知识转移模型。

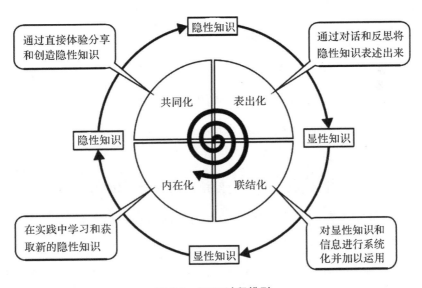

图 3-1　SECI 过程模型

在知识共享的支持机制方面,国外的多数研究都是从管理的视角出发,专门针对企业内部的知识共享机制进行深入探究。中国学者主要从个人层面分析知识共享的影响因素及作用机理。Kent Grayson[1]强调,一个鼓励知识共享的组织环境应由四大部分组成:信息科技系统、组织架构、组织评估机制以及组织文化,这四大部分共同助力组织进行知识分享活动。Rudy L. Ruggles[2]对实际行业的领导进行了深入研究,他发现组织文化是知识传播和分享的主要阻碍。在中国,学者们主要从组织结构和团队合作的视角来探究知识共享的支持机制。张昕光从知识共享系统、组织文化、组织架构以及激励机制等四个方面进行了深入研究。何进针对激励机制进行了深入的实证研究,并发现内部激励要素、以知识共享氛围为标志的知识共享"场力"以及领导和制度因素,都对知识共享活动产生了积极的影响。刘静等人提出了知识分享与创新绩效之间关系的模型。张淑华和方华将组织的氛围细分为五个主要方面:工作满意度、对组织的承诺、团队的精神压力、离职的倾向以及组织的凝聚力。他们的研究结果显示,一个良好的组织氛围会对知识分享产生影响。

通过深入比较和分析,我们发现国内外对于知识共享的传播方式存在各种不同的观点和态度。无论是国内还是国外的学者,他们

---

[1]　Kent Grayson,美国凯洛格管理学院市场营销学教授,主要研究市场交换中的信任与欺骗、真假产品、广告和营销中的真相与欺诈等。

[2]　Rudy L. Ruggles,克雷格·文特尔研究所副主席、兼职科学家,曾经担任过 IBM 公司总部战略规划师、IBM 长期战略规划委员会主席,负责公司研发部门战略规划监督与评估,与全球研究机构和智库联络。

普遍认为在现代学徒制中知识共享的主要传递机制是"显性知识"和"隐性知识"之间的转移。

3.2 知识转移

迈克尔·波兰尼[①]特别强调了个体知识(Personal Knowledge)中的默会维度(Tacit Dimension),即人们所掌握的知识远超过他们能够口头表达的知识。(漆捷,2011)因此,他主张把个人经验与集体认知联系起来,并通过集体记忆来对这些信息进行加工处理。

从认识论的角度来看,波兰尼根据知识获取和传播的难度将其分为两大类:"显性知识"(Explicit Knowledge)和"隐性知识"(Tactic Knowledge)。显性知识即指人们头脑中已经获得并能够用语言表达出来的知识,如数学概念等。这些知识可以用文字、地图或数学方程来描述。与其相对地,只能通过口头语言进行表达的则为隐性知识,也可以理解为人们头脑里储存着的关于事物特征、状态等方面的经验。

在知识经济迅速崛起的今天,伴随着经济全球化的发展趋势,知

---

① 迈克尔·波兰尼(1891—1976 年)是一位英籍犹太裔物理化学家和哲学家。他在其著作中提出,人类知识分为显性知识和缄默知识。显性知识是可以归纳、验证、传授的知识,而缄默知识是不可归纳、无法传授但对生存和发展至关重要的日常知识,如驾驶、游泳、灵感、沟通技巧等。迈克尔·波兰尼提出现代文明的本质是"多中心秩序",现代社会个体需求和合作日益复杂,信息散落于每个人手中,每个领域或团体都是独立的决策中心,各个中心通过分工、交易和联结,实现交流和合作,从而维系社会的发展,而市场经济本质上就是"多中心复杂秩序"。

识与技术的创新与进步已经变成国家经济增长的关键支柱。因此，国家创新能力也被视为一个国家综合竞争力的集中体现，知识产权则是一国科技实力及国际竞争力的基础。

知识产权不仅是知识和技术的无形承载者，也是国家在竞争中的有力工具，更是激发市场技术创新和确保创新成果的根本来源。知识产权战略对促进科技创新与经济建设具有十分重要的作用，它既能为国家创造巨大的经济效益，又可以使企业增强国际竞争力，同时也会影响一个国家或地区的社会稳定。高等教育机构作为知识创新的核心来源，在国家的创新体系中起到了不可或缺的作用。

知识是驱使人们目标明确地进行实践和知识传递的关键因素，其转移贯穿人类社会的整个发展历程，存在的形态可能是"显性知识"，也可能是"隐性知识"。

一些学者指出，在知识转移过程中，"隐性知识"的占比高达90％。根据 Delphi 咨询公司的调查结果，企业员工的大部分知识实际上是储存在大脑中的"隐性知识"。（蒋沛诗、翟丹妮，2017）正是这种"隐性知识"的转移才是决定整个知识转移过程传递效果的罪魁祸首。

在现代制造业中，"隐性知识"已经成为一个不可忽视的重要环节。在经济高速发展的今天，传统的师徒制已不能适应现代制造型企业发展的要求。"隐性知识"由于其固有的、难以转化或转化为符号的特性，使得它不能通过正规途径进行传递。因此，学徒在实践中需要依靠自己的观察和领悟能力来学习师傅的各种动作与习惯，这种特性与学徒制中"言传身教"的教学模式非常契合。

3.2.1　共同化环节

共同化环节是指师傅与学徒共同参与工作和学习的过程,在这个过程中师徒双方通过直接的体验来传达和更新潜在的知识。在共同劳动和学习过程中,师傅与学徒之间形成一种相互联系、相互作用的关系,这种关系主要表现为一个从认识到实践再到创新的螺旋式上升的螺旋结构。(郭达、申文缙,2020)在这一过程当中,师傅不仅将他个人的"隐性知识"传授给了学徒,同时也在持续地更新他所持有的"隐性知识"。学徒在掌握师傅"隐性知识"的过程中,也在不断地更新和创造新的"隐性知识"。这就是师傅与徒弟共同进行"显性知识"和"隐性知识"的双向交流过程。(吕维宜,2021)在学习的旅程中,学生需要深入体验师傅传授的"隐性知识",并在技能的磨炼中感受"隐性知识"的重要性,这样才能在识别和解决问题中展现出独特的洞见及能力。

3.2.2　表出化环节

表出化环节是指师傅与学徒采用对话、类比等多种方式,将"隐性知识"具象化。"隐性知识"作为一种重要的生产要素在现代社会发挥着越来越大的作用,成为企业发展不可或缺的因素之一。所谓的"隐性知识"是深植于个体的行为模式、经验积累、价值取向和情感体验中的一种知识。这种知识很难用言语完全表达,并且具有高度的个性化和表达困难的特质。这就要求我们在进行课堂教学时不仅要关注学生学习过程中所获得的显性知识,还要关注他们获取这些知识时所形成的思维方式、价值取向以及情感体验等。(岳定权,2012)由于每个人对于知识的理解、经验和感悟都有所不同,导致每个人所持有的"隐性知识"之间存在差异,这种差异为知识创新创造了无尽的机会。

3.2.3　联结化环节

所谓的联结化环节,是指正规教育路径中最为普遍的知识传播手段。在师傅的引导之下,学徒们对所谓的"显性知识"进行了系统梳理,并加以应用。这种学习方式不仅能促进学生获得大量的显性知识,还有助于学徒提高其解决问题和分析问题的能力(郭达、申文缙,2020)。相较于其他三个环节,联结化环节在"显性知识"的转换过程中表现得更为突出,它所需要的时间更长、花费的精力更大,往往因为缺乏必要的条件和技巧,容易导致学徒的错误理解。

3.2.4　内在化环节

所谓的内在化环节是指学徒在掌握"显性知识"的基础上,不断地在实践中应用和验证"显性知识",并在这个过程中获得新的"隐性知识",它是学徒知识技能更新和提升的关键环节。从某种意义上讲,内在化环节对提高企业生产效率、促进技术进步以及推动整个社会经济发展都具有重要作用。在内在化的过程中,师傅需要充分发挥其支撑作用,紧紧抓住自己"隐性知识"的核心内容,并有意识地将这些"隐性知识"以一种显性化的方式传授给学徒,学徒则需要深入理解师傅如何巧妙地运用这些"隐性知识",并将其付诸实践。

共同化是指一种通过直接体验来分享和创造"隐性知识"的方式,它是师傅和学徒之间"心灵相通"的过程;显性化是指一种通过直观的方式表达"隐性知识"的过程。表出化是指一种通过对话和反思来直接表达"隐性知识"的方法,它是将"隐性知识"转化为形式、概念的过程。联结化指的是将"显性知识"和信息进行有组织地整合,并对其进行有效地应用;外显化是指通过一定的媒介把"隐性知识"传递给学生或他人,以达到传授"隐性知识"的目的。内在化是指一个将学习和实践紧密结合的过程,它系统性地将"显性知识"转变为个体"隐性知识"。在这一过程中,学习者不仅要完成认知加工,还要经历情境体验以及意义建构等心理活动,最终实现从感知到理解再到应用的认识转变。这四个环节组成一个有机的整体,形成了一个"隐性知识"和"显性知识"相互转换的系统。在系统中,"隐性知识"和"显性知识"的转换是一个永无止境、循环反复的过程。

在实际的学习过程中,学生的主要目标是掌握知识和技能,他们通过直接参与的方式,从师傅那里获得了所需的知识和技巧。因此,师傅与徒弟之间的关系是一个双向互动的过程。图 3-2 展示了"现代学徒制"中师徒之间知识和技能的转移情况。(胡凯、胡文鹏,2016)这种传递是通过教师与学生之间、学生与学生之间、教师与师傅之间以及徒弟与师傅之间相互交流、相互合作而完成的。这个过程可以分为四个主要阶段:潜移默化、外部明示、汇总组合和内部升华。在这四个阶段中,师傅和学徒的紧密合作是实现知识和技能转移的关键。在这一过程中,师傅、学徒双方通过各自不同的途径获得自己所需的知识与技能。具体来说,A 代表师傅的"隐性知识"和技能,B 代表师傅的"显性知识"和技能,C 代表学徒的"隐性知识"和技能,D 代表学徒的"显性知识"和技能。(王鸥,2018)

师傅　　　　　　　　　学徒

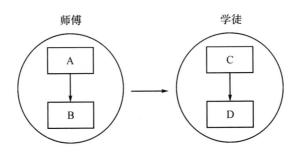

图 3-2　师徒间知识和技能的转移路径

一是潜移默化(A→C),学徒在观察和模仿师傅的行为时所经历的过程。一方面,师傅根据学徒观察的结果对他所做的工作进行评价与分析,找出不足并加以改正;另一方面,学徒通过观察师傅的行为来学习,同时也发现了自己的不足之处。(顾晓诗,2020)师傅在观察学徒的学习过程时,识别出他们的不足,并为他们提供针对性的指导,帮助学徒明确认识到他们需要改进的地方。

二是外部明示(A→B)。师傅运用对话、类比和概念等多种方式,将他个人的经验和技能传授给学生。同时,学生也可以利用自己已有的知识结构和生活经验来获得与师傅相同或相近的经验、技能。学生通过相应的学习过程,将师傅的经验和技能转化为他们自己的知识储备。这样一个循环就是"知识—观念—行为—习惯—能力—素养—态度"的转化过程。在这一过程中,学生原有的知识储备已逐渐转化为一种潜在意识。如果没有了这种潜意识,学生只能依靠已有的认知来理解新问题或解决新问题,无法获得新知识与技能。在新的知识与传统观念发生碰撞的情况下,传统的观念往往不会轻易地发生改变。因此,在这种情况下,教师需要协助学生进行实际操作、验证和修正,以弥补他们自身的不足。

三是汇总组合(B→D,A→D,C→D)。学生能够独立思考,并将在第二阶段获得的新知识进行整合和系统化处理。在学习过程中,要注重培养其自主探究的精神,使之形成自己独特的见解与方法。鉴于师傅(教师)或其他人的实践方式和经验与自己存在显著差异,因此他们的观点和经验只能作为一个参照,不能简单复制。在此阶段,教师要引导学生对自己所掌握的理论知识和相关技能进行总结分析,形成系统的理论框架。学生在学习过程中应当将所掌握的知识和技能与他们的个人经验相融合,并积极参与各种实践活动,以便从这些实践中获得有用的反馈,并据此进行知识和技能的对比与重构,从而提升自己的综合知识和能力。在教学过程中,教师应当引导学生通过学习理论知识来构建自己的知识结构体系,形成系统的思维方式,实现自我反思和自我调节。此外,还应该从多个角度对学生的系统重构进行严格的审查和把关。

四是内部升华(D→C)。将"汇总组合"阶段中重构的知识技能,在师傅、学徒、教师组成的共同体内部进行吸收、消化,并升华成集体的知识和技能。(雷沪、李万锦,2015)

总之,知识转移有四个环节:共同化、表出化、联结化和内在化。我们探讨了现代学徒制在知识创造、共享和转移方面的价值,对比分析了中西方教育模式在知识学习方面的差异,旨在寻求提升人才培养效率的有效途径。现代学徒制可以有效弥补中国教育模式的不足,通过师徒之间的互动和协作、实践操作和经验交流,学生可以学习到"隐性知识",并将其转化为自己的知识和技能,提升技术能力和创新能力,从而更好地适应社会挑战。

现代学徒制是知识创造和共享的有效途径。在知识创造方面,中西方教育模式各有优劣。中国教育模式注重理论知识,但忽视实践操作,导致学生创新能力不足;西方教育模式强调实践和创新思维,但缺乏有效的学习策略。两种模式需要相互借鉴和融合,才能培养出适应社会发展需求的人才。

知识共享需要有效的机制。组织需要营造良好的知识共享氛围,并制定有效的激励机制;同时,需要关注"隐性知识"的传播和转化,才能实现知识的有效传递。知识转移是一个复杂的过程,需要经过多个环节,"显性知识"可以通过文字、图表等方式表达,易于传播;"隐性知识"则难以用语言表达,需要通过实践操作和经验交流进行传递。"隐性知识"和"显性知识"之间的转移还需要经过多个环节,才能最终转化为个体的知识技能。因此,需要建立完善的机制,建立良好的环境氛围,鼓励知识共享,并制定有效的激励机制才能确保知识转移的有效性,才能促进知识共享的顺利进行。

因此,为了更好地发挥现代学徒制的优势,需要借鉴中西方教育模式的优点,建立有效的知识共享机制,并关注"隐性知识"的传播和转化,实现知识的有效传递。通过这些措施,才能培养出适应社会发展需求的高素质人才。

第 4 章

知识产权视角下现代学徒制的运行机制

　　回顾前文内容,可以将现代学徒制的运行机理总结为图 4-1 所示(陈庆、王杭芳,2023)。本章在前文所给出的现代学徒制的运行框架下来阐述知识产权产生的机理,并围绕以下三个问题进行思考:一是学徒制中为何会产生知识产权;二是学徒制中如何判别知识产权归属才能使得参与方共赢;三是如何保证知识产权在现代学徒制中起到正向作用。

　　在师傅的指导过程中,学生难免会产生一系列的创造性构想。当创造性构想通过一系列的申请变成专利时,知识产权便诞生了。

　　假设一家高科技制造企业与当地的职业技术学院合作共同研发一款新型智能机器人,学生在企业导师和学校教师的指导下,参与机器人的设计、编程和测试工作。在此过程中,一名学生将课本与实践知识相结合,创新性地设计了一种能提高机器人工作效率的算法。这种算法作为一个创新性的智力成果,可以申请软件著作权或者专利权。在这个例子中,知识产权由申请著作权或专利权的形式表现出来,从中也可以初窥知识产权的产生路径,如图 4-1 所示,即课本(学校)—实践(企业)—创新(学生个体)。针对此,也便产生了现代学徒制中知识产权的归属争议问题。

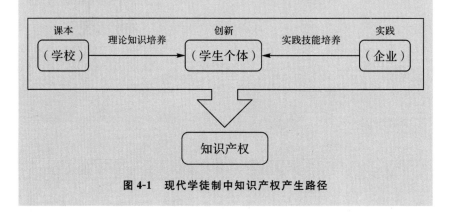

图 4-1　现代学徒制中知识产权产生路径

4.1 现代学徒制视角下知识产权的权属与归属

上文已介绍，在知识产权产生过程中，主要涉及三大主体，即学生个人、学校及企业。相对应地，可归纳出以下三种归属假设：一是知识产权归属于企业；二是知识产权归属于学校；三是知识产权归属于学生个人。

4.1.1 知识产权产生的环境剖析

前文中，三者成立的前提是围绕着三种不同的关系，如图 4-2 所示，一是学生—师傅之间；二是学生—企业之间；三是学校—企业—学生之间。（史明艳，2017）

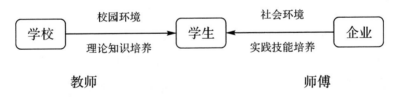

图 4-2 知识产权的归属关系图解

师徒结对：交流中产生的知识产权。在该关系中，知识产权的归属争议主要围绕是归属于师傅还是归属于学生。现代学徒制中一对重要的关系就是师徒关系，在现代学徒制的运行过程中师傅带领徒弟进行一对一的指导和互动学习，在这个过程中会产生很多形式的知识产权。

师傅在教授学生实践知识的过程中,会与学生共同探讨和改进工作流程、工具等。例如,一位机械师傅和学生在进行流水线生产操作的过程中,共同设计了一种能提高装配效率的新设施,该设施的设计方案构成了知识产权,可以申请实用新型专利或发明专利。针对该项知识产权,师傅认为其在生产过程中起到了主导作用,知识产权应当归属于自己;学生则认为在知识产权的产生过程中,因为自己提出了创新点,所以知识产权应当属于自己。

环境培养:企业中诞生的知识产权。在这个假设条件之中,主要探讨产生的知识产权是归属于学生还是归属于企业。因为学生是在企业环境中进行实习工作的,所以也就产生了企业与学生之间的争议。

例如,某知名新能源汽车企业与一所理工类大学合作开展现代学徒制项目,旨在培养既懂理论又具备实践经验的汽车工程师。学生张华作为该项目的学徒,被分配到企业的研发中心,参与新一代电动汽车电池管理系统的研发。

张华在实习期间,利用业余时间结合在企业中学到的知识和技术,独立开发了一个能够显著提高电池能量利用效率的算法。这个算法如果应用到现有管理系统中,预计能将电动汽车的续航里程提升10%以上,具有重要的商业价值。基于此算法,可以申请著作权以及发明专利。

针对这项知识产权,张华认为该算法是他个人独立在非工作时间且未使用企业资源的情况下开发的,应属于个人的智力成果。他希望保留对该算法的所有权,并考虑未来自行创业或授权给其他公司使用；企业则认为，张华的算法虽然是他在非工作时间内完成的，但它是基于在企业实习期间接触到的专有技术和市场需求理解来开发的，且张华在实习协议中签署了保密协议和知识产权归属条款，其中可能包括了对企业研发成果的归属约定。企业认为，任何与工作相关或利用企业资源、信息产生的创新都应归企业所有。

创新教育：联培中繁育的知识产权。在这个假设过程中，主要探讨的是知识产权是归属于学校还是归属于企业，抑或归属于学生。

假设某理工大学与一生物科技公司开展联合培养项目，共同研发一种新型生物降解材料。该项目中，一名博士研究生小李在导师指导下，利用学校的实验室资源及公司的专有技术数据，成功合成了这种新材料，这项成果具有显著的市场潜力。针对该知识产权的归属问题，学校认为依据其规定和政策，小李作为在校学生，使用了学校的实验设施、资金和教育资源，该知识产权应归学校所有，并且学校的参与还包括前期的理论指导和研究方向设定；企业则强调，其提供了关键技术信息、部分研发资金以及后续的市场化评估与推广资源，没有这些实质性的投入，研究成果难以转化为实际产品，因此主张该知识产权应归企业所有；小李作为直接的研发参与者则认为自己的创造性劳动是成果的核心价值所在，有权要求共享甚至独享部分知识产权。

4.1.2　知识产权归属后利益设定

针对现代学徒制的特殊性，下文将从实际情况出发，将前文中的三种假设进行简化，将学校与学生视为一体，企业作为另外一方的主体,从而从二元视角对知识产权归属后利益做假设。

因此,可以将知识产权归属路径分为以下两大路径:一是技术转让路径;二是合作开发路径。

知识产权归属争议主要存在于师傅与学生、企业与学徒、学校与企业之间。学生、学校和企业在知识产权归属问题上都希望获得一定的利益,但侧重点有所不同。学生更关注个人发展和经济收益,学生希望得到对其智力成果的认可,并能够从中获得经济利益,例如通过专利授权、技术转让等方式获得报酬。学校更关注科研能力和人才培养,学校希望通过知识产权的产出,提升自身的科研能力和学术水平,并吸引更多优秀的学生和科研项目。企业更关注技术优势,希望通过知识产权的转化获得经济效益,例如通过产品销售、许可使用等方式获得利润。因此,在现代学徒制项目中,需要平衡各方利益,制定合理的知识产权归属机制,才能促进项目的顺利开展和可持续发展。

我们可以从技术转让和合作开发两种路径来解决知识产权归属后的利益分配问题,建立知识产权共享机制,确保各方都能从合作中获益。现代学徒制中知识产权归属问题需要各方共同努力,才能实现共赢。通过明确知识产权归属、制定清晰协议、建立科学的利益分配机制,确保各方都能获得相应的回报。加强沟通协商、完善法律法规和培养知识产权意识等措施,有效平衡各方利益,及时解决知识产权归属过程中出现的争议,也可以设立知识产权共享基金,用于支持后续的研发和推广工作,促进现代学徒制健康发展。

4.2　现代学徒制中的知识产权归属路径讨论

随着知识经济的蓬勃发展，知识产权已成为企业和个人竞争的关键资源。在这一背景下，现代学徒制作为一种结合理论与实践、传承与创新的教育模式，日益受到重视。它不仅为学徒提供了宝贵的技能和知识，也为导师和企业带来了新的活力及创新潜力。然而，随着学徒在创新过程中所扮演角色的日益重要，知识产权的归属问题也变得日益复杂。本节旨在深入探讨现代学徒制中知识产权的归属路径，以及它们在学徒制中的应用。讨论的核心是学徒在创新过程中所创造的知识产权应如何归属。这不仅关系到学徒的权益保护，也关系到导师、企业乃至整个行业的健康发展。我们将探讨不同的归属模式，包括但不限于学徒所有、导师所有、企业所有以及共同所有等，并分析每种模式的利弊和适用条件。此外，还将涉及知识产权归属路径的法律框架，探讨现行法律如何影响归属决策，以及在实际操作中可能遇到的挑战。我们还将讨论如何在保护各方权益的同时，促进知识的传播和创新的发展。

4.2.1　技术转让路径分析

在校企合作路径中有三条知识产权转让路径：一是知识产权所有权转让；二是知识产权使用权转让；三是知识产权转让权转让。针对以上三条路径我们可以归纳出技术转让后实际三方之间的利益，如图 4-3 所示。在本路径中,一旦所有权与转让权转让,学校与学生便只能获得一次性利益,企业可以获得再次收入;但若只转让使用权,则结果相反。

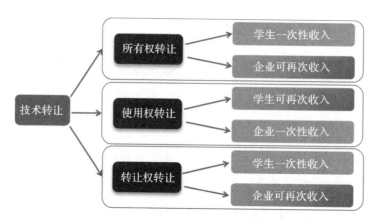

图 4-3 技术转让路径利益假设分析

以现代学徒制的试点单位唐山工业职业技术学院为例,该学院与多家企业建立了紧密的合作关系。在该框架下,技术转让的三条路径可以表现为:一是知识产权所有权转让。假设学院与某制造业企业合作开发了一套先进的自动化生产线控制软件,并将其所有权转让给企业,使得企业成为该软件的唯一所有者,有权决定如何使用、授权或出售该软件,学校和参与学徒制的学生可能会获得一次性转让费用,但后续的商业收益则归企业所有。二是知识产权使用权转让。如果采用使用权转让的方式,学院可能会允许企业在其内部培训和生产中使用某项创新的教学方法或技术,同时保留该技术的所有权。这样,企业能够从技术应用中获益,提升生产效率或培训效果,学校和学生也可以持续从技术的再授权中获得收益,形成一种长期的合作共赢模式。三是知识产权转让权转让。这涉及将转让技术的权利本身转让给另一方,例如,学院不仅允许企业使用某项专利技术,还赋予其将该技术转授给第三方的权利。尽管学校和学生的直接经济收益可能有限,但通过与企业的深度合作,他们能够获得更多的合作机会和技术支持,从而有助于提升教育质量和学生的就业竞争力。

4.2.2 合作开发路径分析

合作开发路径指的是学校与学生在和企业进行现代学徒制框架合作的过程中,就某一方面进行共同合作研究。但由于某些行业的特殊性以及保密性,在合作完成之后有些企业便要求独占知识产权,于是便产生了合作开发路径,如图 4-4 所示。

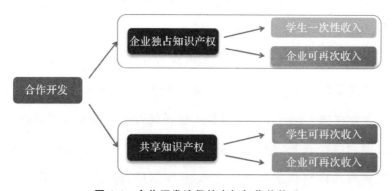

图 4-4 合作开发路径的产权与收益关系

深圳职业技术大学与华为技术有限公司在信息技术领域开展现代学徒制合作,旨在通过共同研究 5G 通信技术、云计算和大数据等前沿科技,提升学生的实践能力和技术水平,同时促进技术创新与产业升级。

该合作的开发路径主要体现在双方共同设立研发项目上。例如,双方可能会合作开发特定的通信解决方案或优化现有技术产品。在这一过程中,学生作为学徒,在学校教师与华为工程师的共同指导下,参与实际的研发工作。这不仅丰富了学生的学习体验,也为企业注入了新鲜的创意与活力。然而,由于信息技术行业的高度竞争性及对知识产权保护的严格要求,项目完成后,华为作为行业领军企业,可能会要求独占合作期间产生的知识产权,以维护其商业利益和技术领先地位。

在这种情况下,合作开发路径要求双方事先明确知识产权的归属及使用协议。例如,可能约定企业享有主要的知识产权和商业化权利,而学校及学生作者在学术发表、个人简历构建等方面保留一定的权益,或获得相应的经济补偿和技术许可费分成等。通过这样的安排,即使最终知识产权归企业独有,学校和学生仍能从中获得相应的回报与认可,从而保持合作的积极性与可持续性。

王进富和兰岚(2013)曾就知识产权归属后的利益进行分析,探讨了企业在加入现代学徒制后技术创新能力提升程度与超额收益获取程度和路径选择、路径演进的关系。其认为企业创新能力的提升程度与选择路径之间起到了决定性作用,即创新能力提升选择技术转让路径,反之则选择合作开发路径;企业对知识产权的归属态度则取决于企业拥有该项知识产权后的垄断收入,即如果能获得高于市场的垄断收入,企业就会倾向于独占知识产权,反之则选择共享知识产权。

通过以上的假设分析，可以很明显看出企业受市场因素的影响，会在现代学徒制运行过程中发挥强烈的主观能动性。针对现代学徒制现行框架，学校、企业和学生合作开发并且进行知识产权共享，才能真正实现三方利益可持续发展。为了防止企业就知识产权问题而对现代学徒制运行产生破坏，政府便成为第三方中介监管机构行使监督职能。

　　欲解决现代学徒制中的知识产权归属问题，技术转让路径和合作开发路径是两种主要模式和路径。

　　技术转让路径包括所有权转让、使用权转让和转让权转让，其利益分配可通过协议明晰。在现代学徒制技术转让路径下，学校和学生的利益不仅仅局限于再授权收益，还可以通过人才培养、技术交流、品牌提升、知识产权转化等多种方式获得持续获益。

　　在现代学徒制的实践中，合作开发路径一般涉及校企双方共同研发，知识产权的归属可能存在争议问题。参与企业往往倾向于独占知识产权以获取市场优势，学校和学生则更希望共享知识产权以实现长期合作共赢。在合作协议中明确约定知识产权的共享方式，学校和学生可以保留一定的知识产权，并可以通过许可等方式获得收益。

　　合作开发协议中建立知识产权管理机制，对合作开发的技术成果进行统一管理，确保知识产权的合理使用和收益分配。在知识产权转化方面，学校可以与企业合作，对合作开发的技术成果进行评估，确定其市场价值，并通过专利申请、技术转让等方式，将知识产权转化为经济效益。学校可以建立技术孵化平台，为学生的创新创业项目提供孵化支持,帮助学生将技术成果转化为实际应用,创造社会价值。

4.3　现代学徒制的政府助推与助力

我国目前的现代学徒制停留在学校积极、企业不积极的状态下,且只停留在劳动力集中的制造业与服务业。由于教育投入人力资本专用性程度、合作过程中承诺问题、人员流动性等,导致企业不愿意将精力投入到现代学徒制校企联合培养中。(何爱华、刘怀兰,2016)在此基础之上,现代学徒制中知识产权产生归属问题的处理便变得更加棘手。在互相争执的过程中,则需要政府助推,来保证校企双方可以共享知识产权。

4.3.1　降低教育投资人力资本专用性程度

在知识产权开发过程中,主要用到了两种技能资本,即通用性人才资本和专用性人力资本,如图 4-5 所示。专用性人力资本是指人力资本在某种专用用途上的价值高于其他任何用途上价值的性质,即要求人力资本专业性强、专业程度高,只能满足特定生产任务。政府可以通过购买人力资本或者对人力资本进行投资,这种成本的降低可以使企业增强参与职业教育的意愿。针对企业来说,现代学徒制使得政府与学校分担成本,企业可以付给专用人力资源低于市场同职员工的工资,使得企业加强对于专用性人力资本的投资热情。

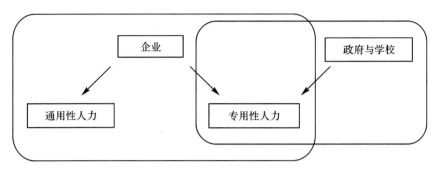

图 4-5 技能资本分类

浙江工贸职业技术学院与多家企业建立了紧密的校企合作关系，共同参与知识产权管理人才的培养。学院与企业协同设计课程内容，以确保教育与实际工作需求的紧密结合。企业专家作为兼职教师或指导师，直接参与教学，传授行业内的专业知识和实际操作技能。在校期间，学生（学徒）不仅接受理论教育，还在企业进行实习与实训，直接参与知识产权管理的实际项目，从而积累了工作经验，形成与岗位高度匹配的专业能力。

政府对此的支持体现在多个方面，包括但不限于提供财政补贴、税收优惠等激励措施，以减轻企业因参与学徒制而增加的成本负担。此外，政府还可设立专项基金，支持知识产权领域的研究与开发，间接促进企业对专用性人力资本的投资。通过这样的合作框架，政府与学校共同承担了培养成本，使企业能够以相对较低的成本获得并培养符合岗位需求的专业人才。这不仅增强了企业对专用性人力资本投资的积极性，也促进了知识产权领域专业人才的培养与行业的发展。

4.3.2 增强合作过程中政策承诺的可信度

由于现代学徒制存在契约时间较长、市场环境较为复杂、企业师傅人员变动大、学徒个体差异性较大、企业对于学校内部信息掌握较少等问题，部分校企合作协议流于表面，权责不够明确，企业权益得不到充分保障。针对以上问题，政府可以通过设立政策制度，增强合作过程中承诺的可信度。

政策法规是政府进行管理的有效手段，通过法规制度来鼓励约束各方参与创造良性的发展环境，提升合作过程中承诺的可信度。例如，广东省教育厅联合相关部门制定了《广东省现代学徒制试点工作实施方案》，通过明确校企双方的责任与权益，建立长效合作机制：一是明确三方权责；二是设置中期评估制度；三是建立跨企业行业师傅资源库；四是因材施教；五是搭建校企合作信息平台。

政策规定了学徒、学校及企业在现代学徒制中的法律地位和权利义务，确保学徒享有正式员工的部分待遇，同时明确企业师傅的职责和激励机制，增强企业参与的积极性。考虑到市场环境的快速变化，政策还允许校企双方根据实际情况灵活调整合作契约的期限，同时设置中期评估机制，以便及时调整合作内容或终止不适宜的合作关系。为应对企业师傅人员变动大的问题，政府推动建立跨企业、跨行业的师傅资源库，通过共享机制补充师傅资源，确保教学质量的稳定性。鉴于学徒间存在较大的个体差异，政策鼓励学校与企业共同制定个性化的培养方案，根据学徒的能力和兴趣定制课程与实训内容，提升学习效率和满意度。最后，政府搭建校企合作信息平台，增强企业对学校教育资源、学生情况的了解，同时也便于学校获取企业需求信息，促进双方的信息对称和深度合作。

4.3.3　减小教育资源投资的外部性风险度

教育资源投资的外部影响指的是在参与现代学徒制过程中，除参与制度培训的三方以外的其他相关方带来的额外成本或收益。（冉云芳、石伟平，2023）最通俗的解释案例就是签约企业与学校联合培养出专门的高技能型人才，会被没有付出相关成本的同行企业"挖墙脚"。这些同行企业因此可以逃避高技能培训过程中所付出的成本，如图4-6所示。当"挖墙脚"行为越来越多时，签约企业参与现代学徒制职业教育的积极性将会受到挫伤。

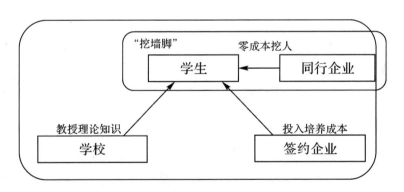

图4-6　现代学徒制中的"挖墙脚"

针对这一现象，政府可以通过降低人才培养成本的方法来提高签约企业的积极性。还可以通过整合资源，增加有形资产和无形资产的投入，补偿和减少企业的参与成本来总体降低企业投资的外部性风险。

在现代学徒制的实践过程中,海南省省政府与当地高职院校、企业共同构建了一个合作框架,旨在通过一系列策略缓解教育资源投资所面临的外部影响问题。首先,政府出台了相关政策,为参与现代学徒制的企业提供税收减免和补贴等激励措施,从而直接降低企业因培训而增加的成本。其次,行业内建立了行业协议,行业协会规定同行企业不得恶意"挖墙脚",以保护投资企业的合法权益。此外,学校与企业之间的合作得到进一步深化。双方共同设计课程与实训项目,确保学徒所获得的技能与企业需求高度匹配。这种合作不仅限于技术培训,还涵盖了企业文化和职业道德等方面的教育,从而增强学徒对企业的忠诚度。同时,海南省还构建了学徒信用档案,记录学徒的学习表现与职业道德情况,并向所有潜在雇主公开。这一措施使得即使学徒被"挖墙脚",新雇主也能了解到学徒的培训背景及原企业的投入,从而更倾向于尊重原企业的培养成果,并进行一定程度的补偿。最后,政府鼓励企业与学徒签订长期服务协议,规定学徒在完成培训后需在一定期限内为该企业服务。通过设定合理的违约条款,政府、高职院校、企业三方协作,既保护学徒的职业发展自由,又确保企业投资能够获得合理的回报。

企业参与积极性不足、知识产权归属争议等问题是中国现代学徒制不得不面临的问题。政府可以通过政策法规引导、经济激励措施、信息平台建设、行业自律机制和社会氛围营造等多方面措施,降低教育资源投资的外部性风险,保障企业参与学徒制的积极性,推动现代学徒制健康发展。

4.4　知识产权视域下现代学徒制的现实呈现

在现代学徒制中，政府、学校和企业三方合作，应建立知识产权管理机制，加强沟通协调，运用法律手段解决纠纷，要积极推动产学研深度融合和知识产权高效转化。接下来，我们将引入真实案例来剖析知识产权框架下现代学徒制究竟应该如何运行。

4.4.1　载体：知识产权的商业转化

利用和转化知识产权是实现其经济及社会价值的关键途径。现代学徒制作为一种新型人才培养模式，为高校创新创业教育提供了良好的载体。（范露华、林娟，2021）在当前的学徒制下，通过技术革新和产品开发等途径所获得的知识产权，都应当被充分地应用和转化。在校企合作人才培养模式下，知识产权不仅具有商业价值，还具备了教育功能。学校与企业有能力通过合作研发、技术转移和授权使用等多种途径来实现知识产权的商业应用，并促进技术创新成果的实际应用和转化。

作为备受海内外好评的高等学府，清华大学一直将科技创新和培养高级人才作为学校的核心工作。多年来，清华大学不断深化教育教学改革，探索产学研协同育人的新模式，为国家培养了一大批高层次创新型人才。清华大学科研团队实力雄厚，科研成果显著，特别是在达到全球前沿研究水平的新能源材料科学领域。

作为全球新能源行业的排头兵,宁德时代新能源技术有限公司(CATL)始终致力于电池技术的创新和高端产品的开发制造,目标是将最新的科研成果转化为具有市场竞争力的产品。

鉴于双方在新能源领域的共同愿景和战略需求,清华大学与宁德时代共同启动了一项关于固态锂电池技术的现代学徒制合作项目。作为国家"十三五"期间重点支持的战略性新兴产业之一,锂离子电池产业是我国未来能源转型和经济发展的重要支撑,也是当前世界上最有发展前景的新型储能技术。在这个研究项目里,清华大学的科研团队与宁德时代的工程师团队进行了密切合作。经过多年的努力和攻关,他们成功开发出一种新型固态锂电池材料,这种材料具有能量密度高、使用寿命长和出色的安全性。双方还共同提交了申请,成功获得了多个相关专利。

为最大限度地发挥这一知识产权的经济社会价值,双方决定合作成立"固态锂电池技术成果转化中心",由清华大学提供核心技术的支持和高级人才的培训,宁德时代则专注于市场的开拓和产业化应用,该项目也已通过省级验收。"固态锂电池技术成果转化中心"是双方合作的产物,基于这一新型材料的电动汽车电池组和储能系统产品在转化过程中得到了联合研制,并已成功推向市场。由于它的出色性能及与市场需求的高匹配度,获得了广泛好评,并由此带来了明显的经济收益。因此,"固态锂电池技术成果转化中心"的成立,对于双方来说,是一个具有重大社会意义和经济利益的举措。

在这一发展过程中,政府的作用是非常明显的,科技部联合其他几个部门为清华大学与宁德时代合作的固态锂电池项目以及国家科技重大专项和产业技术创新联盟等项目,从多方面给予政策上的支持、资金上的帮助,以加快技术研发市场转化的进程,为双方创造了更广阔的发展空间和合作机会,取得了较好的成效,同时也为促进国家科技事业的发展和产业竞争力的提升做出了贡献。

从整体上看,清华大学与宁德时代在现代学徒制的合作框架下,在产学研深度融合的基础上,成功地将固态锂电池的知识产权进行高效应用和转化,既为新能源汽车产业的技术升级和绿色能源的转型带来巨大的促进作用,又为社会带来了不可忽视的经济价值和环保价值,同时也为其他高校在培育具有创新意识和创新能力的创新型人才方面提供了重要的借鉴和参考意义。在知识产权转化的过程中,政府的导向性政策和资金援助起着至关重要的作用,对资源的整合和效率的提高起到了不可低估的促进作用。本案例对于进一步促进产学研深度融合、加快固态锂电池相关知识产权的转化运用、促进我国新能源汽车产业的快速发展具有十分重要的意义。

4.4.2　协调:知识产权的权益管理

知识产权的管理与协调无疑是当代体系中一项复杂而又必不可少的职责。无论是学校还是企业,都应该明确自己的责任和权限,通过有效的制度保障,共同为自己的知识产权负责,达成自己的目标。

教育机构和企业有责任成立专门的知识产权管理部门,或委派专门机构负责知识产权的管理，包括但不限于知识产权的各个方面，如申请、维护、授权、转让等。对知识产权的管理可提升企业自主创新能力和市场竞争能力，通过制定合理有效的规章制度，对企业进行规范化管理。此外，为确保知识产权管理工作无障碍开展，还需要增强各参与方的交流与合作。在遇到知识产权纠纷时，要迅速利用法律途径维护自己的权益，保证各相关方的正当权利都能得到保障。

深圳职业技术大学作为一所重视实践与创新能力培养的高职院校，长期以来致力于与企业开展现代学徒制的合作，旨在培养具备扎实操作技能和创新思维的高技能人才。学校依托校企共建的实训基地，开展了"双证书"制度改革的试点工作。

深圳职业技术大学与华为技术有限公司合作推进的现代学徒制项目，以 5G 智能制造技术为核心，成为校企合作创新人才培养模式改革及产教融合发展实践探索的重要成果之一。该项目在推动我国高职院校"双元制、双证书"制度建设方面发挥了积极作用。在项目实施过程中，双方对知识产权管理及合作价值有了深刻的认识，并采取了一系列具体措施。（罗怡，2020）双方共同成立了由校内学术专家与华为技术核心团队组成的知识产权管理委员会，负责 5G 智能制造技术相关知识产权的申请、维护、授权及移交等全过程管理。委员会为企业提供专业化的知识产权服务，通过建立统一的工作机制和标准体系，实现产学研用的协同发展。委员会深入规划知识产权管理体系与运行流程，确保知识产权管理的规范性与高效性，同时明确学校与企业各自的权益与职责。

此外,深圳职业技术大学与华为技术有限公司定期开展知识产权管理的研讨活动,围绕核心课题进行深入讨论与合作,确保双方在合作中不会出现知识产权方面的争议。双方还联合建立了一个实时信息共享平台,及时更新知识产权申请的进度与维护状态等关键信息,显著提升了学校与企业之间的信任度与合作水平。通过平台,双方能够为对方提供有价值的合作机会,进一步增强了业务往来。在知识产权方面出现争议时,深圳职业技术大学与华为技术有限公司能够迅速作出反应,联合委托专业法律顾问团队,通过法律手段维护双方及共同的知识产权利益。双方积极沟通知识产权的保护与合理使用等问题,最终达成一致协议并签署相关法律文书。这一以契约为基础的合作案例,体现了一种新型的产学研合作模式,为今后学校与企业的项目合作提供了宝贵的实践经验与参考模板,具有重要的现实意义。同时,这也为当前知识产权的保护与运用提供了有益的借鉴。

综上所述,通过对知识产权的有效管理与运用,深圳职业技术大学与华为技术有限公司的现代学徒制项目在实施过程中取得了显著成效,进一步促进了校企合作。妥善解决知识产权问题是确保项目顺利进行并深化校企合作的关键环节。为此,学校与企业应建立专业的知识产权管理机构,加强沟通与协调,并及时运用法律手段解决纠纷,以确保项目的成功实施。

通过建立知识产权管理机制、加强沟通协调、运用法律手段解决纠纷等措施,可以有效促进知识产权的商业转化和利用,为社会创造经济和环保价值,并为高校培养创新型人才提供重要借鉴。这种注重科技成果转化、争取政府支持、建立合作共赢模式和法律保障机制的做法,值得其他类型的高校和企业借鉴学习。

通过与企业合作,通过技术转移、授权使用等方式,将知识产权转化为具有市场竞争力的产品。通过与企业建立合作关系,明确各自责任和权限,共同推进知识产权管理和转化。通过与企业成立联合委员会,负责知识产权的申请、维护、授权等工作,确保管理规范高效,定期开展研讨活动,建立信息共享平台,加强沟通与合作,及时解决争议,迅速利用法律手段维护自身权益,保证各方正当权利。

知识产权在现代学徒制中的应用价值,体现在促进产学研深度融合上,通过知识产权的合作和应用,推动高校、企业和科研机构之间的合作,促进科技成果转化和技术人才培养。还体现在提升人才培养质量方面,将知识产权融入人才培养过程,使学生了解知识产权的价值和应用,培养具备创新意识和创新能力的人才。通过知识产权的应用,推动产业技术进步和产业升级,提升产业竞争力和可持续发展能力。

如何建立有效的知识产权管理机制是学校和企业合作中确保知识产权得到合理保护和应用的关键。学校可以成立专门的知识产权管理部门,负责统筹协调学校知识产权管理工作,包括知识产权的申请、维护、转让、许可等。企业也应设立专门的知识产权管理部门,负责企业的知识产权战略规划、风险管理和维权工作。制定完善的知识产权管理办法,明确知识产权的归属、使用、保护和收益分配等方面的规定。建立严格的保密制度,防止知识产权泄露。建立知识产权激励机制，鼓励师生和员工积极参与知识产权的创造和应用。建立知识产权信息共享平台，及时更新知识产权申请、授权、许可等信息，方便各方了解知识产权状态。建立有效的知识产权管理机制需要学校和企业共同努力，通过成立专门机构、制定管理制度、加强沟通协调、加强培训、积极运用法律手段等措施，确保知识产权得到合理保护和应用，促进产学研合作和科技成果转化。

第 5 章

现代学徒制在我国的政策舆情评估

自 2014 年 8 月 25 日《教育部关于开展现代学徒制试点工作的意见》发布以来,关于现代学徒制的讨论便层出不穷。现代学徒制成为学校工作的布局重点,更被广大学生、企业津津乐道。我们应该如何帮助学生就业?学校应该如何培养新时代人才?企业应该如何解决用工难问题?从现实层面可以看出,可视化地表达现代学徒制的舆论环境,有助于各级党政机关及时精确地掌握舆情动态,回应民众、企业的担忧,提升危机应对能力。同时,我们针对政策进行评价,结合社会民众的需要,可以为党政机关、企事业单位科学制定方针提供参考,可以以不同受众群体为对象制定相应的措施。

5.1　现代学徒制舆情舆论制度的认知与阐释

在前文中,我们通过大量的文献文本了解了现代学徒制,并且对现代学徒制有了深刻的认识。接下来我们将从"量"的角度上,对现代学徒制进行更深度的剖析。在本章中,主要从受众、社会、学术三个角度对现代学徒制进行舆论剖析。

在本章研究过程中,主要通过常见社交媒体、权威学术期刊网站和权威搜索引擎三个不同路径进行不同受众的感知剖析,充分挖掘社会舆情并进行舆情分析,结合 PMC 指数模型①对我国现代学徒制政策进行量化评价,着重对现有的实际问题辨析看待现行政策的优势与不足,为新政策的制定提供决策依据。

5.1.1　受众舆情舆论环境分析

这里的"受众"一词主要是针对学徒来说的。目前的现代学徒制

---

　　①　PMC(Policy Modeling Consistency)指数模型,即政策一致性指数模型,是一种定量的政策评价分析方法。该指数模型由 Ruiz Estrada 提出,以 Omnia Mobilis 假说为基础,认为万事万物都是运动联系的,在政策分析时应考虑所有可能变量,不忽视相关变量,以便科学直观地展现政策间的一致性及具体项的优劣。其实施步骤分为:第一步建立多投入产出表,旨在全面梳理与政策相关的各种投入和产出因素;第二步分类变量和参数,对涉及的变量和参数进行系统分类,以便更清晰地分析和理解政策模型中的各个要素;第三步测算 PMC 指数,旨在通过特定的方法和公式,对政策模型中的变量进行量化计算,得出 PMC 指数值,实现对政策的量化评价;第四步绘制 PMC 曲面图,将 PMC 指数值以曲面图的形式呈现出来,直观地展示政策条例的优势与缺陷,为政策制定者和研究者提供直观的分析工具。

可以看出是呈"三足鼎立"之状,受众可以理解为"接受现代学徒制教育的人",也就是学生。本章通过对知乎平台中,针对现代学徒制的32个提问词条进行分析,利用爬虫工具提取数据,通过ROST-CM6进行高频词提取等步骤清洗数据,极大程度地将文本数据可视化,以得出受众对现代学徒制的看法。

具体步骤主要为:(1)将平台回答文本转码为ANSI格式;(2)在词频分析过程中,设置"输出长度"为大于1,筛除语义重复词。整理后总结出前12个高频词,如表5-1所示,分别是"学徒""企业""学历""学校""教育""师傅""学习""技术""时间""职业""知识""毕业"等。

表5-1 受众对于现代学徒制的评价高频词提取

序号	关键词	频度	序号	关键词	频度
1	学徒	626	7	学习	125
2	企业	191	8	技术	125
3	学历	180	9	时间	103
4	学校	149	10	职业	99
5	教育	130	11	知识	96
6	师傅	127	12	毕业	85

社会网络分析(SNA)是社会网络学派中的研究分支。(魏瑞斌,2009)通过文本中能够体现主流价值的关键词,结合频繁出现的高频词,以社会网络分析视角,判断出文本中体现各个关键词之间的关系:节点中的连线表示两者之间存在直接联系,点解密度反映出当下关注之重点,节点分布密度的紧密程度则反映了内容之间关联紧密程度。(卜令通、张嘉伟,2023)

图 5-1 为学生用 ROST-CM6 软件绘制的现代学徒制评价文本高频词的社会网络图谱,点度中心度较高的关键词为"学徒""推崇""学历""技术""知识""教育",反映了现代学徒制在学生心理的关注点,具体包括:(1)现代学徒制是否有利于学徒未来发展;(2)现代学徒制是否值得推崇;(3)现代学徒制拿到的学历能不能被社会认可;(4)在现代学徒制中学徒能够学到什么。

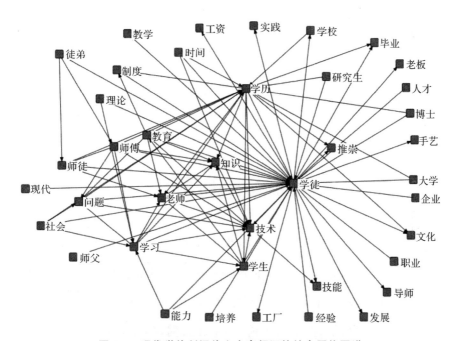

图 5-1　现代学徒制评价文本高频词的社会网络图谱

同时,情感分析作为舆情研究中的重要一环,通过 ROST-EA 进行高频词提取,结合情感趋向词库我们可以看到学徒对于现代学徒制的情感分析,如表 5-2 所示。在现代学徒制体系学习过的学生,虽然大多数人都对现代学徒制呈现出积极的态度,但是持消极情绪的学生也不在少数,这就说明现代学徒制在目前发展阶段并不是一个最优解,学生对是否要参加现代学徒制教育体系还呈观望态度。因此,如何提升现代学徒制在学生群体中的满意度,促进学生选择加入现代学徒制也就成为现代学徒制在学生群体中发展的重难点。

表 5-2　学生对于现代学徒制的态度

情绪类别	占比
积极情绪	58.29%
中性情绪	0
消极情绪	41.71%
总计	100.00%

5.1.2　社会舆情舆论环境分析

社会作为现代学徒制是否能够被认可的一个重要环境,在本间中也是一个研究路径。我们主要通过在权威搜索引擎中搜索"现代学徒制"相关报道,来剖析现代学徒制的社会舆论环境。

通过词频分析,我们得出前 14 个高频词,如表 5-3 所示,分别是"学徒""培养""人才""职业""教育""模式""企业""教学""校企""发展""学生""学校""技术""合作"。

表 5-3　社会舆论环境对于现代学徒制的评价高频词提取

序号	关键词	词频	序号	关键词	词频
1	学徒	5345	8	教学	1367
2	培养	3134	9	校企	1222
3	人才	2736	10	发展	1154
4	职业	2445	11	学生	1109
5	教育	2001	12	学校	1026
6	模式	1673	13	技术	1016
7	企业	1561	14	合作	1003

　　如图 5-2 所示，在社会网络图谱分析中，重点关键词是"现代""学徒""职业""人才""培养""学徒"。目前社会关注的重点在于：(1)现代学徒制的"新"体现在哪里；(2)在现代学徒制中应该怎样培养学徒，人才如何产生；(3)现代学徒制中教育的目标如何达成；(4)如何通过现代学徒制提升技能。

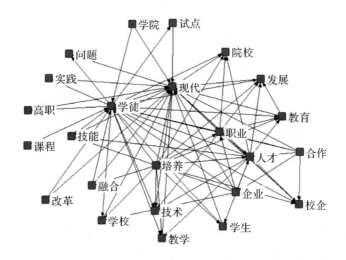

图 5-2　社会对于现代学徒制的评价文本高频词社会网络图谱

有趣的是,相较于学生对现代学徒制的态度,社会对于现代学徒制呈现了一种更积极的态度,如表 5-4 所示。这有利于国家进一步推行现代学徒制。

表 5-4   社会对于现代学徒制的态度

情绪类别	占比
积极情绪	80.93%
中性情绪	0.94%
消极情绪	18.13%
总计	100.00%

5.1.3   学术舆情舆论环境分析

作为现代学徒制政策开拓的仪表盘,学术界针对现代学徒制的态度会对未来政策走向产生极大的影响。通过对中国知网中有关"现代学徒制"文献的内容提取,我们发现,前 14 个高频词分别为"学徒""培养""人才""模式""职业""教育""教学""企业""发展""校企""课程""高职""技术""实践",如表 5-5 所示。

表 5-5   学术舆论环境对于现代学徒制的评价高频词提取

序号	关键词	词频	序号	关键词	词频
1	学徒	3366	8	企业	896
2	培养	2441	9	发展	866
3	人才	2195	10	校企	825
4	模式	1353	11	课程	741
5	职业	1345	12	高职	692

续表

序号	关键词	词频	序号	关键词	词频
6	教育	1211	13	技术	615
7	教学	1163	14	实践	613

如图 5-3 所示，在社会网络分析中，重点关键词是"培养""人才""职业""人才""校企""教育"。目前学术界关注点在于：(1)现代学徒制应该如何运行；(2)学校和企业之间如何达成合作；(3)应该如何通过现代学徒制培养未来职业对口人才。

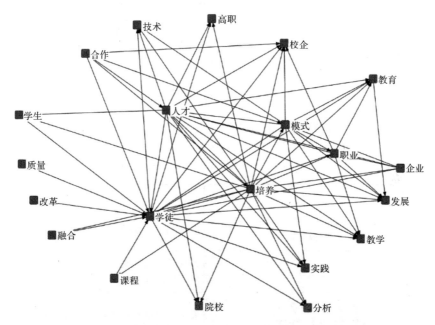

图 5-3　学术对于现代学徒制的评价文本高频词社会网络图谱

如表 5-6 所示，通过情绪分析，可以看出学术界目前对于现代学徒制持一种赞赏的态度，这也说明国家未来很有可能会大力发展现代学徒制。未来现代学徒制将会进入一个大力推广期。

表 5-6　学术界对于现代学徒制的态度

情绪类别	占比
积极情绪	96.9％
中性情绪	0.94％
消极情绪	2.16％
总计	100.00％

5.2　基于 PMC 指数模型的分析与阐明

在现有的资料文库中，关于现代学徒制政策的 PMC 指数模型的政策分析尚未有人涉猎。我们采用爬虫软件对现代学徒制相关政策进行了汇总和深度剖析，如表 5-7 所示。

表 5-7　现代学徒制政策汇总

序号	发布部门	政策名称
1	人力资源和社会保障部,教育部,发展改革委,财政部	"十四五"职业技能培训规划
2	教育部办公厅	教育部办公厅关于全面推进现代学徒制工作的通知
3	人力资源社会保障部,财政部,国务院国资委,中华全国总工会,全国工商联	关于全面推行中国特色企业新型学徒制 加强技能人才培养的指导意见
4	人力资源社会保障部办公厅	加强和改进新时代中国特色企业新型学徒制工作方案
5	教育部办公厅	教育部办公厅关于加快推进现代职业教育体系建设改革重点任务的通知

续表

序号	发布部门	政策名称
6	中共中央办公厅,国务院办公厅	关于深化现代职业教育体系建设改革的意见
7	教育部办公厅	教育部关于开展现代学徒制试点工作的意见

5.2.1　变量分类与量表构建

Ruiz Estrada 在 PMC 指数模型方面的成就主要是提出了 Omnia Mobilis 假说,其认为世界万物都是运动和相互关联的,任何一个变量都同等重要。在政策分析中应用该假说,意味着政策体系中的各个要素、变量之间是相互联系、相互影响的,没有哪个因素是绝对独立或可以被忽视的,它们共同作用影响着政策的整体效果和一致性。该假说为 PMC 指数模型提供了理论支撑。基于此,在进行政策分析时应当尽量考虑所有可能的变量,不忽视可能的相关变量,从而使政策分析更全面、科学。基于 Omnia Mobilis 假说,Ruiz Estrada 推动了 PMC 指数模型的构建与分析框架的形成,包括变量与指标的选取、建立多投入产出表、测算变量与 PMC 指数值、根据 PMC 指数值绘制曲面图等步骤,使政策之间的一致性以及具体政策项的缺陷与优势能科学直观地展现出来。因此,结合我国不同政策量化评价的参考指标及现代学徒制相关政策的文本分析,下文展示了 PMC 指标体系的变量定义表(见表5-8),由9个一级变量和 34 个二级变量构成。

表 5-8　变量定义表

一级变量	编号	二级变量	编号	二级变量评价标准（是为1,否为0）	来源或依据
政策性质	X1	预测	X1.1	政策是否能起到预测作用	宋亚萍，2021
		监管	X1.2	政策是否能起到监管作用	
		建议	X1.3	政策是否能起到建议作用	
		引导	X1.4	政策是否能起到引导作用	
政策时效	X2	长期（>5年）	X2.1	政策是否具有长期性	
		中期（3—5年）	X2.2	政策是否具有中期性	
		短期（<3年）	X2.3	政策是否具有短期性	
政策受众	X3	国家级	X3.1	政策的受众群体是否是国家级	赵杨、陈雨涵、陈亚文，2018
		省市级	X3.2	政策的受众群体是否是省市级	
		县区级	X3.3	政策的受众群体是否是县区级	
政策视角	X4	宏观	X4.1	政策是否为宏观视角	卜令通、许亚楠、张嘉伟等，2021
		微观	X4.2	政策是否为微观视角	
		中观	X4.3	政策是否为中观视角	
发布主体	X5	国务院及办公厅	X5.1	政策是否为国务院及办公厅发布	王进富、杨青云、张颖颖等，2019
		国家各部委	X5.2	政策是否为国家各部委发布	
		各省市政府及厅局	X5.3	政策是否为各省市政府及厅局发布	
		各区县政府	X5.4	政策是否为各区县政府发布	
		其他机构或部门	X5.5	政策是否为其他机构或部门发布	
激励措施	X6	人才激励	X6.1	激励措施是否为人才激励	
		税收优惠	X6.2	激励措施是否为税收优惠	
		政府补贴	X6.3	激励措施是否为政府补贴	
		专项基金	X6.4	激励措施是否为专项基金	
		资源共享	X6.5	激励措施是否为资源共享	

续表

一级 变量	编号	二级 变量	编号	二级变量评价标准 （是为1，否为0）	来源或 依据
参与 对象	X7	政府	X7.1	参与对象是否为政府	
		企业	X7.2	参与对象是否为企业	
		培训机构	X7.3	参与对象是否为培训机构	
		高校	X7.4	参与对象是否为高校	
政策 工具	X8	强制型	X8.1	是否为强制性政策	王进富、 杨青云、 张颖颖等， 2019
		服务型	X8.2	是否为服务性政策	
		激励型	X8.3	是否为激励性政策	
		市场型	X8.4	是否为市场性政策	
政策 评价	X9	依据充分	X9.1	政策是否有充分依据	
		目标明确	X9.2	政策是否目标明确	
		规划翔实	X9.3	政策是否规划翔实	

如表5-8所示，参照前人研究中所设计的一级变量进行了9个变量设定以及34个二级变量设定。一级变量分为政策性质X1、政策时效X2、政策受众X3、政策视角X4、发布主体X5、激励措施X6、参与对象X7、政策工具X8、政策评价X9，二级变量分为预测X1.1、监管X1.2、建议X1.3、引导X1.4、长期（＞5年）X2.1、中期（3—5年）X2.2、短期（＜3年）X2.3、国家级X3.1、省市级X3.2、县区级X3.3、宏观X4.1、微观X4.2、中观X4.3、国务院及办公厅X5.1、国家各部委X5.2、各省市政府及厅局X5.3、各区县政府X5.4、其他机构或部门X5.5、人才激励X6.1、税收优惠X6.2、政府补贴X6.3、专项基金X6.4、资源共享X6.5、政府X7.1、企业X7.2、培训机构X7.3、高校X7.4、强制型X8.1、服务型X8.2、激励型X8.3、市场型X8.4、依据充分X9.1、目标明确X9.2、规划翔实X9.3等。PMC指数模型对于政

策的评估采用二进制设定变量阐述:若政策文本中含有二级变量所涉及的方面,则参数值设置为1,若无则设置为0。

根据 Omnia Mobilis 假说的逻辑,上述各二级指标的取值服从[0,1]分布,即若待评价政策文本中出现二级指标的信息取值为1。若待评价政策文本未出现二级指标信息的取值为0,以此构建多投入产出表。多投入产出表(表5-9)的目的在于建立数据分析结构,使得对单个变量进行多维度分析,进行量化。

表5-9　多投入产出表

一级变量	二级变量				
X1	X1.1	X1.2	X1.3	X1.4	
X2	X2.1	X2.2	X2.3		
X3	X3.1	X3.2	X3.3		
X4	X4.1	X4.2	X4.3		
X5	X5.1	X5.2	X5.3	X5.4	X5.5
X6	X6.1	X6.2	X6.3	X6.4	X6.5
X7	X7.1	X7.2	X7.3	X7.4	
X8	X8.1	X8.2	X8.3	X8.4	
X9	X9.1	X9.2	X9.3		

5.2.2　计算绘制与趋势导向

PMC 指数的计算过程主要包括:(1)二级变量赋值;(2)计算一级变量数值;(3)合计 PMC 指数。其计算公式具体如下:

$$PMC_i = \sum_{i=1}^{4} \frac{X_{1;j,i}}{4} + \sum_{i=1}^{3} \frac{X_{2;j,i}}{3} + \sum_{i=1}^{3} \frac{X_{3;j,i}}{3} + \sum_{i=1}^{3} \frac{X_{4;j,i}}{3} + \sum_{i=1}^{5} \frac{X_{5;j,i}}{5}$$

$$+ \sum_{i=1}^{5} \frac{X_{6;j,i}}{5} + \sum_{i=1}^{5} \frac{X_{7;j,i}}{5} + \sum_{i=1}^{4} \frac{X_{8;j,i}}{4} + \sum_{i=1}^{3} \frac{X_{9;j,i}}{3}$$

其中,i 为第 i 项政策,该政策下的二级变量为 j。本文中的一级变量为 9 项,即 PMC 指数范围为 0～9 之间,参照前人的评分标准,PMC指数可以进行如下划分,如表 5-10 所示。

表 5-10　现代学徒制政策等级划分

PMC 指数	评价
0～3.9	不佳
4.0～5.9	可接受
6.0～7.9	优秀
8.0～9.0	完美

根据 PMC 指数,我们可以构建出 PMC 曲面,并且绘制出 PMC曲面图,如图 5-4 至图 5-10 所示。我们针对上文提及的 7 项政策建立 PMC 曲面模型,并且针对模型分析政策,指出目前政策的不完善之处,从而提出政策修改意见。

通过计算 PMC 指数和观察 PMC 可知,先进现代学徒制政策的发布主要集中在 4.80～5.78 的范围,即可接受的范围之内,如表5-11 所示。

表 5-11　现代学徒制政策 PMC 指数模型

一级变量	P1	P2	P3	P4	P5	P6	P7	均值
政策性质 X1	0.75	0.75	0.50	0.75	0.75	0.50	0.50	0.64
政策时效 X2	0.33	0.33	0.33	0.33	0.33	0.33	0.33	0.33
政策受众 X3	0.33	0.33	0.33	0.33	0.33	0.33	0.33	0.33

续表

一级变量	P1	P2	P3	P4	P5	P6	P7	均值
政策视角 X4	0.33	0.67	0.67	0.67	0.33	0.67	0.33	0.52
发布主体 X5	0.20	0.20	0.20	0.20	0.20	0.20	0.20	0.20
激励措施 X6	0.60	0.60	1.00	0.60	0.60	1.00	0.80	0.74
参与对象 X7	0.75	0.75	1.00	1.00	1.00	1.00	1.00	0.93
政策工具 X8	0.75	0.50	0.25	0.75	0.50	0.75	0.50	0.57
政策评价 X9	1.00	0.67	1.00	1.00	1.00	1.00	1.00	0.95
得分	5.05	4.80	5.28	5.63	5.05	5.78	5.00	5.23
评价	可接受	可接受	可接受	可接受	可接受	可接受	可接受	可接受

　　根据政策评价的统一性,我们可以看出,政策在各项之间的差距并不大,但是共有的一些缺陷主要有以下几点:一是受众并不广泛;二是政策视角较为狭窄;三是政策工具使用种类具有局限性。

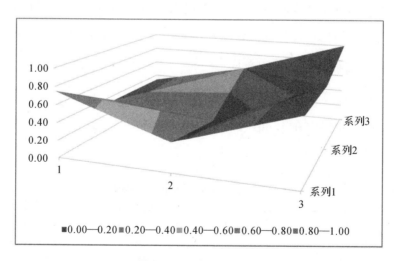

图 5-4　P1 的 PMC 曲面

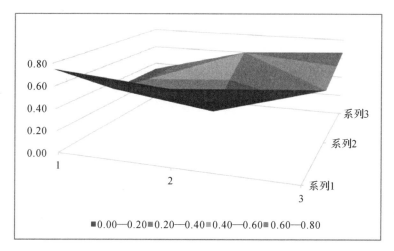

图 5-5　P2 的 PMC 曲面

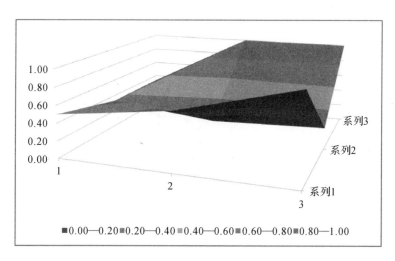

图 5-6　P3 的 PMC 曲面

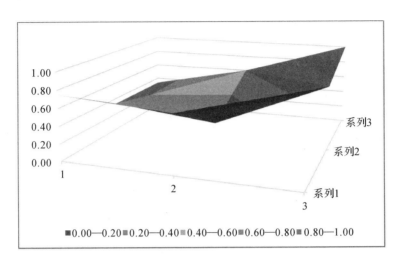

图 5-7　P4 的 PMC 曲面

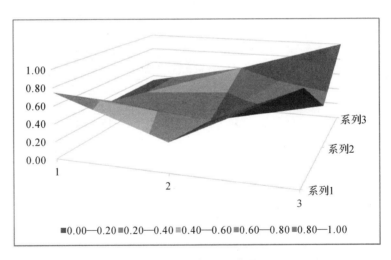

图 5-8　P5 的 PMC 曲面

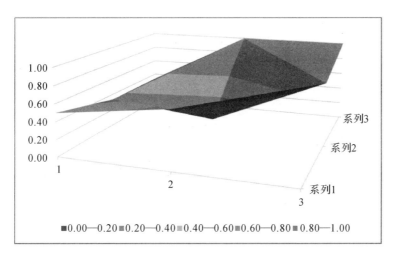

图 5-9　P6 的 PMC 曲面

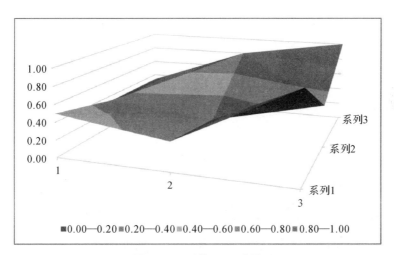

图 5-10　P7 的 PMC 曲面

　　其实在政策评分之间,各政策之间相差并不大,总体保持一致的趋势。导致整体评分集中于"可接受"的负面原因主要有:一是政策受众覆盖并不全面;二是激励措施有待加强;三是政策性质缺乏强制性；四是政策工具不够多样性。

受众覆盖不够全面。在上文提及的政策之中，其大多数都强调"学校""企业""学生"的存在，但是在评分过程中，我们发现，有一部分政策并未提及"社会培训机构"这一中坚力量，即对社会培训机构的关注度还有待加强，受众覆盖面要有所拓展。

激励措施有待加强。在奖励措施中，以上几项政策虽然在制定时强调了企业在现代学徒制中的重要性。但是在政府给予企业政策优惠的过程中，针对企业的具体优惠政策鲜少被提及，税收减免政策也只是在2份文件中被一笔带过。针对学生提供的奖励措施可以说是少之又少，在目前社会对现代学徒制持观望态度的状态下，少之又少的激励政策可能无法刺激学生（学徒）在正常高校教育中选择现代学徒制。

政策的强制性应当加强。在以上几项政策中，大多数文件都是"意见"性文件，缺乏现代学徒制实施的强制性要求和监管要求。且现代学徒制是顺应社会发展和人才培养的应对之举，在其势不可当的状态下，政府制定更多强制性以及监管性文件将会更有利于社会了解现代学徒制，激励学生选择现代学徒制。

加强政策的市场性。在政策制定中，上述政策均未体现出市场性，即政策的制定均未根据市场需求及变化进行预测。政府在政策制定的过程中可以强调市场的引导作用，利用市场性手段来激励企业和学生选择参与现代学徒制。

总之，我们通过分析现代学徒制在受众、社会和学术三个维度的舆情，并结合 PMC 指数模型对相关政策进行评估，旨在了解现代学徒制的现状和发展趋势。我们研究发现，社会和学术界对现代学徒制持积极态度，而学生群体则存在观望情绪。在政策方面，虽然整体可接受，但存在受众覆盖不全面、激励措施不足、缺乏强制性和市场性等问题。因此，我们建议加强政策对各类受众的关注，提供更多激励措施，增强政策的强制性和市场性，以促进现代学徒制的健康发展。

我们可以通过加强政策激励、完善政策体系、提升社会认可度、优化学习模式和加强市场导向来提升企业和学生对现代学徒制的参与度，推动现代学徒制健康可持续发展。我们还应该积极推动现代学徒制与普通高等教育的衔接，提升现代学徒制学历的社会认可度。我们可以将市场机制引入现代学徒制，使其更好地适应市场需求，提升现代学徒制的活力和竞争力，为企业培养更多高素质技术人才。

第 6 章

现代学徒制在我国的制度探索

　　现代学徒制教育在中国的崛起过程犹如从零星的火花到逐渐推广。近些年,职业教育领域在理论与实践两个方面都进行了众多的尝试和研究,推动现代学徒制的试点项目已逐渐成为提高职业教育质量的新方向。(张尧,2019)目前,我国关于现代学徒制的研究成果主要集中于政策建议方面,对其实施过程中出现的问题进行剖析是推动这一制度进一步完善的基础。我国的现代学徒制从最初的试验性探索逐渐发展到全面实施,目前已经步入寻找具有中国特色的学徒制的新时期。经过多年的实践与创新,已取得阶段性成果。现代学徒制的试点工作已经形成具有中国特色的学徒制基本内涵(包括双元育人、双重身份,交互训教、工学交替,岗位培养、在岗成才)和职业教育现代学徒制人才培养基本模式(入口上坚持"招工招生一体化"、培养过程中强调校企一体化育人、内涵建设上聚焦"三教改革")。初步构建了国家、省级和校企三级组织推进机制,并从中总结出"由政府制定政策、企业制定标准、学校和企业创造典型"的实践方法和经验教训。(赵鹏飞,2014)

只有对现代学徒制相关政策的制定和执行有深入的了解及认识,才能提高政策实际效果。本章通过对现代学徒制相关政策制定和执行的科学论证,实现培养与引进人才相结合的目标,从而使现代学徒制在促进教育事业发展和社会经济发展中发挥更大作用。(王志明、王小伟,2017)

6.1　现代学徒制在我国的实践探索

近些年,政府和社会都给予了中国现代学徒制教育高度的重视与支持,并且已经取得了一些进步,但是还需要面对许多挑战。随着社会对职业教育意义的与认同,现代学徒制教育开始受到越来越多的欢迎与支持。越来越多的家长开始重视技能教育,将学徒制作为孩子的职业发展选择之一。本小节针对中国现代学徒制进行深度剖析,来解读中国现代学徒制的理论探索情况。

伴随着社会经济的发展和现代职业教育的进步,从 21 世纪初开始,在校企合作、工学融合的大背景下,我国职业教育机构对现代学徒制的探索和实践,逐步走向了现代化的道路,主要集中在以下几种实践研究。

6.1.1　培养目标和选拔方式实践研究

广州番禺职业技术学院被选为全国首批现代学徒制试点学校,与亚洲最大的水果连锁企业佰草园进行现代学徒制试点合作。新成立的佰草园专修学院,把培养人才的目标确定为"专业店长"。(阙雅玲、丁雯,2015)

学校、学生和企业双向选择在现代学徒制的主要选拔机制中普遍存在。评选方式不同,对学生的影响也就不一样。重庆市北碚职业教育中心选拔办法以企业为主,初中毕业生以"面谈＋中考"的形式选拔。长春职业技术学院通过自主招生,在企业内部选拔符合高考报名资格的工作人员,实行先招员工、后招学员的招生策略。(唐燕、丁建庆,2014)东莞市机电工程学校在项目启动阶段就与日本牧野株式会社建立了合作关系,先由学校进行学员招募和培训,再由企业进行培训。在项目后期,企业会从学校中挑选表现出色的学生。(曹永浩、胡丽英、陈仲宁等,2015)

6.1.2 培养模式教育体系与实践研究

在课程实施上,试点学校特别强调融合项目的重要性。广州工程技术职业学院现代学徒制试点在制定教育体系参考标准时,采用融合项目作为教学平台,由经验丰富的学长和师傅共同指导学生成长与发展。课程设计主要依据三大核心标准:企业标准、岗位标准、国家职业资格标准。(王世安,2013)长春职业技术学院以国家职业资格项目化课程为依托,以企业生产标准为重点,以设计学校课程为基础,以毕业设计子系统为支撑,构建企业课程链条。(赵有生、王军、张庆玲等,2014)东莞机电工程学校在课程设计上,对企业实践课的重视程度尤为突出。学校推出了名为"企业课堂"的课程,将企业的职位作为学习的背景,并明确指出"企业课堂"不仅仅是为了满足企业短期的用工需求,更重要的是为了培养未来的人才,企业的生产活动并不能完全替代学校的学习过程。(曹永浩、胡丽美、陈仲宁,2015)

无论是学校还是企业,在教育系统的实践研究中都把重点放在融合项目课程上。这样的项目课程是为了帮助参加培训的学员快速把握一线制作过程，积累实际工作经验但正如东莞市机电工程学校强调的那样，课程设计既要兼顾学生长远的职业规划，又要满足短期的就业需要。学校或者企业目前面临着如何培养技能人才的难题，因此，教育机构和企业应推出通识系列选修课程，让学生选择适合自己的课程，根据自己的兴趣和规划构建"课程筐超市"。

6.1.3　培养模式过程与教学实践研究

在培训过程的实践研究中，我们主要关注师傅的指导、授课时长、学分的转换以及教学的标准这四个核心领域。学校与企业合作，以师徒传承的模式，共同承担起人才培养的使命。（单文周、李忠，2019）

有些学校在教育培训过程中，靠的是真项目、真考证、真技能大赛，老师与师傅为学生指点迷津；也有公司引导教师开展教学活动，有实际的制作任务，也有竞赛活动。有的学校每年至少为学生提供3个月的企业实习机会，以保证师傅的教学质量。此外，学校还设立了学生"企业学习日"，将学生安排到企业参加学习，时间为每月一次或每周一次。有的学校为了保证企业项目不断，在课后和双休日，充分利用时间实行跟班、加岗的模式，轮流学习。试点学校在学分确定阶段，建立了相应的学分转换机制，积极推动学生参加创新创业技能大赛。例如，有的学校或学院规定学生参加技能大赛并获奖，拿到省级一等奖可加8分，拿到二等奖可加6分。有的学校在制定教学规范时，为了保证自己所学专业的教学标准能够确立，就参照了国家的专业教学规范和行业资质标准。（彭杰、黄海江，2013）

现代学徒制的训练以工学合一为主。很多学院在实验阶段就开始尝试理论与实践相结合的教学方式,并在整个培养过程中强调"双师型"导师的核心地位。虽然这是宏观层面上的现代学徒制人才培养模式,但在微观实践路径上,学校、企业还需要继续深化推进。例如,理论与实践如何更有效地结合,理论与实践如何更好地融合,教学设计中如何充分满足学生对知识技能的合理需求等,多元主体各方的责任和义务在培训过程中如何协调,等等。

6.1.4 培养模式质量评价与实践研究

在以素质评价为衡量标准的现代学徒制人才培养模式下,多数实践者倾向于实证支撑,主要体现在评价准则和评价方法两个方面,而要使其真正发挥作用需要政府的引导和支持。如广州工程技术职业学院通过质量标准、学历和职业技能证书要求的确立,通过技能竞赛奖项、项目申报转化等工作,成立了王世安工作室,统筹规划。另外,注重培养学生多方面的能力,例如,自主学习的能力、团队合作的能力。(王世安,2013)

与此同时,一些学校在试验阶段也加入了第三方的评估机构,以确保评估的真实性和客观性。例如,无锡机电高等职业技术学校数控专业的评价体系是由学校、企业、第三方机构和家长共同参与评价的,这有助于推动现代学徒制的健康发展。(王世安,2013)西子航空工业学院对传统的学徒评价方法进行了改革,采纳了"1234"评价模式,这一模式涵盖了职业核心素养、过程性评价与终结性评价、企业与学校行业的三方评价,以及采用国际梯级薪酬体系的评价等四个关键环节。(潘建峰、刘瑛、魏宏玲,2017)

评价方式多样，是现代学徒制人才培养的特点。引入第三方评估机构进行评估诊断，虽然能保证评估的独立性，但需要对每个评估主体制定评估指标、制定权重，使质量评估更具实效性和操作性。除专业能力考核外，一些现代学徒制的人才培养模式在社会技能和方法技能考核体系的确立上还存在局限性，未能建立以人为核心的全面考核的观点，需要建立考核制度并加以量化。在评估流程上，我们既要在模拟环境中进行评估，也要在实际的职业场景中进行测评。

6.1.5　培养模式组织管理与实践研究

在研究现代学徒制人才培养模式的组织管理实践方面，研究者多以学校、企业等角度为主，涉及行业协会相关课题的研究和讨论较少，研究和讨论的人员也相对较少。本书认为，行业协会作为一个利益相关者，可以通过参与学校教育改革来影响现代学徒制人才管理模式建设。如，与宁波腾峰集团合作筹建上海大众 4S 店的宁波城市职业学院，在校内就成功实现了"厂中校""校中厂"一体化；(胡新建，2016)洛阳铁路信息工程学校在为学员提供多样化培训服务的同时，与铁路行业紧密合作，与中铁建工、中铁三公司联手建立校外实训基地。(张智辉，2016)

现代学徒制本质上是一种学校与企业合作的模式，如合作创办新学院、开办"厂中分厂"等。因此在组织管理上，学校与企业要共同参与。虽然有部分案例涉及对具体行业的依赖，但目前的行业指导能力还不够完善，发展还处于初级阶段，行业分类过于笼统，企业与学校也存在联系不够紧密的问题，所以，只有那些发展稳定的行业才有可能采用类似的行业办学策略。大型职业教育集团还可以依托现代学徒制试点,整合多方力量,如学校、企业、行业等,实现资源共享,汇聚各方力量共建,为促进共同交流与研讨搭建协同育人的平台。

我们探讨了中国现代学徒制的实践探索,分析了其培养目标、选拔方式、培养模式、过程与教学实践、质量评价和组织管理等关键方面。我们研究发现,现代学徒制在培养目标上注重企业需求,选拔方式多样,培养模式强调工学结合,教学质量评价体系等已逐渐完善,组织管理上存在学校、企业合作模式,但也面临着行业指导能力不足、校企合作不够紧密等挑战。

6.2 现代学徒制在我国的理论探索

随着全国各地对现代学徒制人才的广泛培训,学者们对现代学徒制的深层含义和实际应用进行了更加深入和广泛的探讨。其中,关于现代学徒制中职业属性的认识大家存在较大分歧,主要集中于"是职业性还是学术性"。

王晓红提出了以技术技能型人才培养为主的新模式。(王晓红,2023)关晶与石伟平深入探讨现代学徒制的"现代性",指出其功能目标从生产优先转向教育优先,这是这一制度现代性的主要表现。其性质也发生了变化,由以个人为目的变为以公益为目的;教育的本质已经从狭窄逐步扩展到广泛,不再局限于职业培训;其包含了形式多

样的培训形式之外的正规、多元的教育体系。(关晶、石伟平,2011)

杨红荃、苏维对现代师徒制度下当代"匠人精神"的修炼进行了深入研究,强调要将"匠人精神"的修炼深深根植于现代师徒的心中。作为培养这种精神的关键力量,企业应最大限度地发挥主人翁的作用,制定规范及相关的考核标准,使员工在实践中得到锻炼,这才是最重要的,也是最需要的;职业学院可以组织实施以培养人才为目的的职业精神实践教育活动;政府也应高度重视引导社会转变就业观念,制定鼓励能工巧匠的奖励政策。(杨红荃、苏维,2016)

王平(2015)就实施高职中专学徒制的启示进行了深入研究。他指出,学徒制的教学方式在激发学生创业意识的同时,有助于拉近学生与市场之间的知识距离。学徒制的实操教育有助于拓展学生的创业知识,"精神"的倡导有助于培养学生的创业心态特质。

王琳(2014)对现代学徒制高职高专转型发展的影响进行了深入研究。她指出,很多高职高专存在着办学理念、教学内容、实践教学、师资力量、教学管理等问题。但是,现代学徒制是为了更好地满足所有相关方的利益,是根据各负其责、各尽其责的新型职业教育的技能教学与实践需求进行设计的。因此,现代学徒制在高职高专中的实施是十分恰当的。但是,应该将这群青年培养成什么样的青年?

6.2.1　教育目标设定践行理论研究

通过对近年来有关现代学徒制教育目标的文献研究,佘瑞龙向我们展示了上海市西南工程学校现代学徒制的试点状况,并建议按照企业的招聘标准来制定学校与企业的综合人才培养策略,以培育具有多种技能的高级人才。因此,在对培养目标进行探讨时,还需从更广阔的视角出发,如培养过程与学习成果之间的关联分析,这样才能真正做到理论联系实际、学以致用。(佘瑞龙,2015)

潘建峰认为,公司的岗位需求和终身成长需求,应该同时考虑培养方向。学校和企业双方在深入分析新的岗位任务和现有的能力水平后,开始对培养方案进行明确的定位。(潘建峰、刘瑛、魏宏玲,2017)

赵鹏飞对广东清远职业学院的实践方法进行了总结,他认为现代学徒生的身份应该是双重性质的。他建议,应根据行业标准、国家职业资格标准和企业的具体需求,针对身份的双重界定问题,结合专业特点、录取人数、录取办法等制定现代学徒制的人才培养模式。(赵鹏飞、陈秀虎,2013)

在现代学徒制教育目标的设定中,研究者建议这种方法可以根据企业的具体招聘需求以及工作岗位的具体要求,让企业在需要教学的教育体系中占有显著的优势地位。尽管有学者建议应依据学徒的持续成长能力、行业准则和国家规范等因素来进行目标设定,但这些建议并没有得到足够的重视,以至于直接或间接地忽略了学生和社会的实际需求。

此外,人才培养目标的设定涉及学生之间、企业之间、学校之间、行业之间、国家与国家之间等多个方面。如何在这五方力量中寻找平衡,共同构建现代学徒制人才培养体系,以满足社会产业结构调整满足企业对人才的需求,相关的研究和探索目前看来还不够深入和细致,需要进一步加大、加强力度。

6.2.2　培养模式教育体系理论研究

研究人员在研究现代学徒制人才培养模式的教育体系时,一致认为应考虑企业特定岗位需求,增加课程设计时的国际化理念,注重课程的教育意义与实用性。胡秀锦建议,将学校、企业、教师、技术大师等多方力量结合起来,进行课程设计。课程教材的制作要与时俱进不断进行改革,要以企业的岗位需求为基础,以学生的学习理念为基础。(胡秀锦,2009)潘建峰的观点是:构建学徒制的现代职业教育构架,要结合工作任务分析和职业能力分析,在深入考察企业各个岗位技能和职业素养的基础上进行。(潘建峰,2016)赵鹏飞认为,职业认证的考核标准、职务晋升级别的考核标准,应该作为课程考核的一个关键性指标,由学校和企业双方共同来考量。(赵鹏飞,2014)刘哲就如何利用国际化平台使专业标准与国际接轨,以该校的电力系统自动化技术专业为研究对象进行了阐述。他构建了一个以"课岗融通"为核心的教育体系,将各种创新和创业教育资源整合进来,以培养学生在基础能力、核心能力和创新能力等方面的综合素质。(刘哲,2015)吴建设建议,高等职业教育的课程应以企业为核心,强调高职教育的"高等性"和"职业性"特质,根据企业工作的技术核心要素来设计课程,并确保与学校课程无缝对接。(吴建设,2014)

培训课程是现代学徒制成功的一个重要支柱,但由于缺乏与之相匹配的课程体系,导致毕业生就业难。对于课程建设,大部分学者倾向于从宏观设计的角度进行讨论,对于课程微观结构的研究则相对较少。例如,在课程开发上,学术界更强调任务分析法的使用,这与开发标准化程度高、固定性强的工作岗位课程组织系统的 MES 课程开发模式类似。

这种发展模式对于培养新的高度复合型人才显得力不从心,尤其是在分析工作岗位中存在的问题时的解决能力、创新能力等深层次复合能力明显不足。学生在这个课程设计中所获得的知识体系是割裂的,不能支撑其职业生涯的可持续发展。进一步说,现在的教育体制过分集中于满足企业特定岗位的需求,没有从"学问化"这一长久以来的职业教育局限中解脱出来。但人的一生很难只专注于一项事业,这是在产业结构迅速调整的大背景下完成的。所以学生终身发展所需要的专业素养和综合素质能力,必然被目前的职业教育体系所忽视。

6.2.3 培养模式构建过程理论研究

研究人员主要围绕"双师型"团队建设、教学时间规划、教学管理等方面,进行现代学徒制下的人才培养模式和流程的研究。本章从校企合作的角度,对职业院校与行业、企业间存在的问题进行了分析,并提出通过构建校企协同创新平台,为我国高等职业教育的发展提供思路,以促进专业人才质量的提高。

赵鹏飞(2014)总结了两位导师联合授课的广东清远职业技术学院培训流程,其采用教师带学员的方式,由企业的导师(也叫师傅)主讲核心课程;校企双方通过制订合作协议,建立了长效稳定的利益联结机制。学校为了实现双岗育人的目的,派出导师(即教师)到企业开展理论课程授课活动,但这一方式没有持续进行。

佘瑞龙(2015)则认为,应该实施双导师的教学模式,把双导师融入课堂,让企业的师傅成为课程、课堂的一部分;与此同时,学校的教师也应该进入企业做进一步培训,并成为企业团队的一部分。但如何解决学生在学习中遇到的困难等问题还没有很好地落实。

唐燕(2014)提出,学生要把实际操作和课堂学习融合起来,这也是企业在培养人才过程中的应有之义。目前教学培训过程在理论层面上还没有形成理论体系。三年制的教学时间安排应当遵循"1+0.5+0.5+1"的教学模式,具体的教学地点应从学校(涵盖理论知识和基础技能)开始,经过企业(实训环节),再到学校(提升学习阶段),最后到企业(顶岗实习环节)。

王振洪(2012)指出,教学管理需要针对教学组织中存在的多元主体,针对学校、企业共同参与的"柔性"管理模式,体现"他方为中心""一切为了学生更好地发展"的教育理念。尽管如何选择合适的导师参与学校的实习和培训仍是一个挑战,但所有研究者都强调双师型团队的关键作用。还有一个重要的问题就是,如何最大程度地激发导师的工作热情和自主性。如何将大师间的利益冲突在企业中协调,现在研究得还不够透彻。此外,许多教学培训方法更倾向于从管理学的角度去思考,这些方法在教育学和心理学方面的支持还不够充分,特别是在职业教育学理论基础上还需要进一步整理。

6.2.4　培养模式组织管理理论研究

在现代学徒制人才培养模式的组织管理研究中,研究焦点集中在如何综合管理现代学徒制的利益相关方。陈涛认为,当前存在着政府主导、校企合作以及行业企业共同参与等三种治理结构。

陈海峰(2015)主张,现代学徒制的人才培养模式管理应当注重法治原则。也就是说,应当注重法律化和民主化。他分析了现代学徒制校企合作法律关系的特点及类型,详细阐述了学校、企业在现代学徒制中的各自职责,并鼓励多种主体主动参与职业组织的管理,构建一种"平等的社交关系"。祝木伟(2016)提出,在明确了学院、公司和学生各自的法律责任后,应该确保学生和教师的权利得到维护。赵鹏飞(2014)认为,学校与企业的共同管理和综合评估是现代学徒制发展的实际需求。为此,我们应该重视两个方面:首先是签署合同(学徒与企业、学校与企业);其次是学校与企业共同制定既有刚性又有柔性的教学管理策略。

6.2.5　培养模式教育评价理论研究

在当代学徒制素质测评中,研究人员普遍认为,测评主体应涵盖多元参与方,测评标准应以国家职业资格证书及相关学术规范为主。大数据要用足、用好、分析好。焦玉君(2016)围绕多种角色参与、自主性强、反馈及时、数据可视化、多终端应用等评价体系的核心意义进行了探讨。同时,以与之相适应的工作任务清单作为依据。

吴建设(2014)认为,应该由企业和学校共同制定"学业标准"和"标准",在我国尚未完善现代学徒制的情况下,它将根据"十三五"中等职业教育改革发展规划纲要,由教育部发布供分析研究之用。下一步,对应的专业资格认定将根据具体工作岗位的需要,由学生会统一组织实施；人力资源部再次出台完善评估机制的国家层面现代学徒制度规范。

唐德贵(2014)认为，要以"能力本位"为核心，按照职业教育人才培养的终极目标构建职业教育多元评价体系。这就涉及学校评估和社会评估、过程评估和结果评估、学校评估和企业评估、理论评估和实际操作评估、教师评估和学生评估、技能评估和技能鉴定的综合运用。促进其改进的关键措施是评估现代学徒制的状态。研究人员普遍认为，评估标准应以国家职业资格标准为核心，评估方法主要分为理论内容和实际技能两大部分，评估的主要方式是考试。需要指出的是，对构建现代学徒制人才培养模式的职业学院评价指标体系产生影响的是，国家尚未明确制定全国性的职业准则。

由以上文献可得出，中国特色的学徒制把立德树人、弘扬工匠精神，努力实施以党育人、以国育才为基本方略。在新时代下，随着经济高质量发展、产业转型升级以及人才竞争日趋激烈，推进中国特色学徒制化人才培养成为职业院校面临的重大课题。研究中国特色的学徒制提高职业技术教育的适应性，被视为我国职业教育发展的核心任务，具体体现在"十四五"规划和2035年远景目标中。当前，在世界经济复苏乏力、国际产业结构调整加剧以及国内经济社会转型升级等多重因素叠加影响下，中国特色学徒制试点推进面临着诸多挑战。因此，我们需要加快总结和提炼现代学徒制试点的成果，积极跟踪与借鉴发达国家在学徒制方面的成功经验和做法，掌握学徒制发展的内在规律和未来趋势，为研究学徒制这一具有中国特色的课题提供清晰的方向。

我们探讨了现代学徒制在中国的理论探索,分析了现代学徒制中关于职业属性的认识分歧,并探讨了其教育目标和培养模式。现代学徒制教育目标设定需考虑企业需求、学生成长和国家规范等多方面因素,需要构建与企业岗位需求相结合的课程体系。我们还总结了"双师型"团队建设、教学时间规划、教学管理等方面的理论问题,分析发现多元主体参与和组织管理的重要性。我们认为,中国特色现代学徒制应以立德树人为核心,积极借鉴国外经验,掌握现代学徒制发展规律,推动其在中国的发展。

6.3　现代学徒制在我国的制度践行

从 2014 年开始,教育部门分 3 次选拔了 558 家试点单位(包括地方政府、行业协会、企业和职业学院),总计 1000 多个学徒制专业试点,目前已经惠及超过 10 万名学生(学徒)。试点院校以"校企合作"为主线开展人才培养模式改革创新,取得了积极成效,积累了丰富的实践经验。试点单位已经取得一系列重要实践和研究成果,其中包括 2 项国家级教学成果一等奖和 6 项二等奖。这些成果形成了一系列可复制、可推广的典型案例和经验做法,为进一步研究具有中国特色的学徒制提供了启发和建议。

现代学徒制在探索世界学徒制演变和创新过程中,考虑到中国目前的实际情况,初步融合了中国的教育体制和劳资雇佣制,提炼出一个以学校和企业融合教育为中心的具有中国特色的现代学徒制核心思想，即双重的教育目标、双重的身份认同、交替的教学与实践。全体参训人员紧紧围绕现代学徒制这一核心理念，逐步构建了具有以下几个特点的现代学徒制人才培养模式。

6.3.1 入口上要坚持"招工招生一体化"

现代学徒制的招生与录取一体化在现阶段主要采取"先招后录""先录后招""边招边录"三种策略。"先招后录"是指企业通过严格的考试选拔人才，最终确定为企业员工，在招生阶段将招收的学生全部纳入统招计划。企业会推荐那些满足高考报名要求的员工，通过一系列综合文化笔试后，参与学校与企业共同举办的面试环节。（赵鹏飞、刘武军、罗涛等，2021）只有在笔试和面试都达标后，他们才能正式注册为学生，成为企业的正式员工。"先录后招"主要针对应届本科毕业生，通过考试获得职业资格证书或国家承认学历文凭，参加的学生需先通过综合文化笔试，再参加由合作企业主导的面试。"边招边进"项目重点面向高中生和中职毕业生。学生在签订劳动合同后成为学校在校生之前，必须通过笔试和面试，同时获得企业的认可，才能确认其职工身份。"先招聘后招工"主要是以高职高专毕业生为对象，学校建立了一套职业发展规划的课程体系来引导他们树立正确的就业观和择业意识，使之具备较高的专业素养，然后顺利就业。"先招聘后招工"的战略主要是为了满足一般在校学生的需要，在满足学生学业要求的前提下，保证其顺利进入工作岗位。

一般情况下,学校建立现代学徒制的班级,会在第一学期末与企业、学生进行双向选择,并签订明确三方责权利的合作协议。"招人先到岗"是当前学校和企业培养高素质技能型人才进行深度融合的重要手段。在这三种方法中,"先招聘后录取"的策略与人社部主导的"新型企业学徒制"有很多相似之处。(常卫锋,2015)"先招工"是一种新模式,但它不完全等同于"先就业再教育",还需要进一步完善相关配套政策。

"招招合一"战略在一定程度上解决了企业参与人才培养的积极性问题,同时也解决了企业在权益保护方面存在的问题,有效地实现了学生和员工的双重作用。例如,广东省实行先招后录政策,实行平行志愿,对身份进行了双重界定,使得权益和利益得到了有效保障。从法律角度看,目前在校学生签订劳动合同通常不存在法律障碍,如何鼓励企业与学生签订劳动合同却是关键问题。

6.3.2 培养过程中强调校企一体化育人

学校与企业签订合作协议,以强调规范导向的教学内容为突出特点,共同打造一个利益共享、全面参与教育过程的群体。学校以培养业务能力、提升素质为主要目标,在教学组织中采取了"工学交替、互动式培训"的方法。企业在培养人才的方法上,强调"在岗位上进行培训、在职时展现才华";在双导师团队的建设中,以"共同选拔、共同培养、相互聘请、共同使用"为原则;在管理和评估过程中,始终坚持学校与企业的合作执行。(谢德新、庄家宜,2020)

6.3.3 内涵建设上聚焦提升"三教改革"

"三教改革"代表了这一改革中的关键问题和挑战——现代学徒制在人才培养方面的具体实践。所以,"三改"试点的开展,其中一个重要内容就是教材建设。学徒制专委会总结了三批试点工作后,为全面推进"三教"改革出台了《职业能力课程与教材开发指导意见》。在积极推进现代学徒制试点建设的同时,作为全国经济大省之一的广东省也出台了一系列政策文件。广东省卫生职业教育协会联合全国50多家相关院校和企业,在学徒制专委会和国家卫生职业教育教学指导委员会的大力支持下,在医疗美容技术专业产教研联盟的共同领导下,共同研发了一年内四次再版的创新活页式教材《双元教育教学用书》,适合学校和企业使用。

6.3.4 初步建成了三级组织推进机制

国家已经建立学徒制专委会以系统性地推动全国范围内的试点项目。教育部、财政部联合下发《关于开展现代学徒制试点的指导意见》,明确了重点领域和主要任务,并提出具体实施方案。(赵丽萍、罗建华,2020)在省级层面上,有5个省份建立了学徒制专委会,并与地方政府合作推动试点项目。企业和行业协会作为试点的主体,通过制定行业指导文件等形式开展试点工作。在学校和企业的层面上,双方共同创建了现代学徒制的工作机构,并确立了校企合作的教育培养机制。

一是各级地方政府主动作为，法规政策制度取得突破。试点地市如青岛市、嘉兴市、清远市等，通过项目带动出台了支持政策，促进了省级层面法规政策的突破，如广东省和江苏省都出台了支持现代学徒制的相关政策措施，对现代学徒制人才培养诸多方面进行明确约定，尤其是在成本分担上做了规定。（赵鹏飞、刘武军、刘涛等，2021）

二是试点行业企业积极参与，标准引领取得一定突破。行业组织负责整合职业学院和龙头企业，挑选行业内的重点专业进行试点项目，目前已经取得阶段性成果。首先，行业协会主导了行业标准的开发工作。各行业协会在充分调研论证的基础上，根据自身特点提出适合本地区行业发展的行业标准，作为本地区职业教育改革创新工作的指导性文件，经与有关部门协调沟通后共同起草出台。《教学规范》《企业师训规范》《质量监控规定》等文件分别由广东省物联网协会和有色金属人才交流中心根据各自行业的独特需求制定，供企业和教育机构参考应用。目前，这些规范已被普遍推广，并在全省推行。下一步，行业内企业所遵循的标准，由行业巨头主导的大企业来制定。如广东宏图印刷股份有限公司与中国印刷业协会合作建立了印刷企业职业能力评价体系。如中荣印务集团制定了《印刷行业技术职务认定标准》，在明确相应待遇的同时，联合学校、行业协会对参训人员进行了认定。该模式是广东省高校人才培养改革试点之一。

三是高质量高层次发展，提炼典型案例引导创新发展。试点学校和企业按照现代学徒制的要求进行了探索，成功创建了一系列典型方案和创新案例，以适应产业转型和技术升级的需要。

总之，自 2014 年开始，中国教育部门开展的现代学徒制试点取得了积极成效，建立了招工招生一体化、校企一体化育人、聚焦"三教改革"和三级组织推进机制等制度。

6.4　中国现代学徒制的实践困境

尽管现代学徒制在全球范围内被广泛看作一种高效的职业教育及技能培训手段，但在实践实施中，它仍旧面临很多挑战和困难。例如，企业参与积极性不足、资金支持不高、教育质量不一、学徒权益保障不足、社会认可度低等。为了突破当前的困难，企业、教育部门以及政府应该建立更为紧密的合作关系和沟通模式，提供更为丰富的政策刺激和经济援助，同时也需要提升学徒制在社会中的接受度提高教育水平，确保学徒的合法权益得到恰当的维护。同时，对现有的教育课程和训练方法进行持续改进，也成了适应技能需求转变的核心要素。目前中国现行的现代学徒制仍有以下不足之处。

6.4.1　政府制度保障不健全

影响现代学徒制执行的核心问题之一是政策和制度的保障不足。这主要体现在五个方面：一是国家层面缺少对现代学徒制从上到下顶层设计的相关制度和机制。（鲁文娟，2017）二是地方层面缺少配套支持现代学徒制建设的政策措施。（谢彤、杨铨、陶权等，2022）首先，一方面，一个全面涵盖现代学徒制核心要素、各个层次流畅的法律和法规体系还未完全建立,这包括学徒的法律地位和权益保护、政府的指导职责和权力边界、企业的主体地位和权责义务、行业的指导、监管与标准考核,以及学院的自主办学和人才培养等;另一方面,缺乏有效的校企合作组织和利益共同体的支持。从另一个角度看,在政府的权威指导下,包括行业、企业和学院在内的多方参与制定的学徒培养标准体系尚未完全建立,第三方评价体系的引入还不够充分,这使得现代学徒制的持续发展面临挑战。其次,在政策资源供应方面,缺少具有较高操作性的推动策略。目前,我国仍缺少对学徒制顶层设计和具体方案实施方面的政策支持。地方政府在配套法规和利益平衡机制方面存在明显不足;企业参与度不高,对现代学徒制实施效果不乐观。(叶根洋,2022)我们还没有建立起一个既有效又可以复制的现代学徒制管理体系,这包括企业的准入制度、专门的资金支持机制、与学校合作有关的各种优惠政策,以及评估和监管机制等。这也是制约我国高职教育校企深度融合发展的主要原因之一。(罗莹,2018)三是还没有建立一个高效的对话和协商平台。在我国当前职业教育中存在着"重学校、轻市场"和"重教轻学"的双重偏向,致使现代学徒制无法实现真正意义上的落地。在学校与企业合作的过程中,由于双方主体之间的价值追求出现偏差和实际利益的冲突,迫切需要建立一个制度化的利益相关者之间的沟通和协调机制,以提升现代学徒制的执行效率。由于缺乏相应的制度保障和信息传递渠道,导致各方利益表达失衡。四是地方政府出于自身的利益考虑,对于鼓励各方参与学徒制试点的政策实施力度相对较弱。五是缺乏必要的制度保障,使得现代学徒制在我国推行遇到瓶颈。(石建美,2020)现代学徒制的宣传力度不足,对学院的招聘和招生政策支持不足,对试点企业的资金支持也不够完善。各地的政策执行不一致,导致政策执行出现"扭曲"现象。

6.4.2 企业参与积极性不足

作为学校与企业共同参与教育的"双主体"之一,企业参与的意愿程度是决定现代学徒制是否能够有效实施的核心要素。目前企业主要面临以下几个问题。

第一,企业的参与热情并不高。受传统教育观念和传统观念的影响,企业对校企深度融合缺乏足够认识,导致参与动力不足。鼓励企业参与校企合作的相关政策过于宽泛,具体的执行细节还不够明确,这导致政策难以实施,企业无法通过参与学徒培训获得税收减免、财政补贴等经济利益,降低了企业参与积极性。同时由于缺乏相应的法律法规和配套制度保障,导致部分企业在与学生签订协议时缺乏法律约束。由于缺乏有效的人才培养产权制度,企业面临着培养成本难以回收的问题,这也降低了企业对现代学徒进行投资的可能性。企业参与校企合作动力不足,使得部分企业不愿将资金投入现代学徒制中去,这直接影响了现代学徒制项目的推广力度。

第二,企业在与学校的合作中缺乏足够的话语权。我国现行法律中并未明确规定企业作为学生管理人或引导者,导致企业对现代学徒制的参与度较低。在试点项目的推进过程中,学校起到了主导作用,企业则提供了协助。无论是在制定教学计划、建立培养标准、执行教学内容,还是在双导师的交流和沟通中,企业的核心地位还没有得到充分的体现。企业作为办学方和管理单位的角色没有真正落到实处,使得企业在校企合作中处于被动地位。

第三,企业和学徒之间存在信任缺失。企业作为人力资本所有者和经营者,其对学徒的态度往往决定了学徒的成长路径及未来职业选择。尽管企业在学徒培训上采取了"成本—收益"的投资策略,但频繁的员工流动和企业之间的"挖人"策略导致人力资源的流失与技术技能的积累被打断,造成了企业的投资与回报之间的不平衡。同时由于校企双方信息共享程度较低,使得企业无法及时掌握学徒动态,影响了企业对其管理能力的提升。出于追求个人利益的动机,企业在学徒培训方面缺少高层次的规划和设计,这限制了学徒技能的全方位发展。

第四,企业在对学徒进行考核时往往忽略了学习成果评估体系,使得学徒不能客观公正地评价自己所学到的知识和技能。

第五,企业中的师傅参与度相对较低。目前我国企业师傅在职业学校中的地位不高,企业与师傅之间存在严重的信息不对称问题。企业中的师傅缺乏足够的教学经验,这已经成为提高他们教学水平和能力的主要障碍。

第六,企业师傅的地位和作用未受到应有的重视。目前,企业的师傅制度还存在一些不完善之处,特别是在企业师傅的选拔标准、培训经费的支持以及权责待遇等方面,都缺少来自国家制度层面的明确规定。此外,企业师傅在学校教育中所扮演角色的变化,也是造成企业师傅参与率不高的一个重要原因。从企业师傅的角度看,岗位职责与教学任务之间的实际冲突、对技术教授的保留态度以及对企业师傅身份的认同,都是影响其参与热情的关键因素。

6.4.3 院校治理的效率不高

职业学院作为现代学徒制建设的关键组成部分,在实际的试点过程中,它们的不足之处逐步显现出来。一是学校与企业之间的合作关系并不紧密,这导致职业学院在专业建设、课程结构和人才培养等方面与企业的对接存在很大的困难。(周志近、李洪昌、陈森等,2017)二是学校教育不适应学生就业需要。在人才培养的具体实践中,以现代学徒制作为起点的人才培养模式还没有完全建立起来。(薛姗,2020)大多数高职院校没有明确现代学徒制的内涵和定位。大部分职业教育机构在设计与现代学徒制人才培养相匹配的方案、培养标准、组织管理结构以及实践经验方面都存在不足。一些职业院校还没有建立起完善的管理制度和有效的运行体系,导致部分高职院校不能按要求完成相关工作任务,出现了工学矛盾突出、教学质量下降等现象。三是学校的导师和教师队伍建设尚显不足。在校企合作过程中,由于缺少相关行业或企业对教师工作的业绩和技能要求等信息资料,致使部分院校没有建立起完善的导师队伍建设机制,影响了校企合作质量的提升。尽管学校的导师们在教学理论上有很高的造诣,但他们在企业的生产和管理方面缺乏实际经验,也没有组织学生在实践中训练技能,这使得他们难以满足培养高技能人才的基本需求。校企双方在课程设置及教学内容方面还存在着较大差异,无法有效实现合作育人目标。四是现代学徒制中的"工学结合"

教学管理方式的改革还不够深入。(刘玉洁,2020)校企双方在现代学徒制运行过程中未形成有效的沟通和合作,导致企业参与积极性不高,影响了校企合作的成效。学校管理层对于现代学徒制的实施所带来的管理改革,如招生政策的调整、学籍的注册难题以及师生之间的管理问题等,目前还不够明确。校企合作模式尚未形成完整的运行机制和管理体系。五是缺少一个与现代学徒制相匹配的灵活评估机制。(张阳,2017)目前高职院校中尚未建立起科学完善的评价体系,学生学业评价方式单一、考核结果运用有限。在现代学徒制的双重主体管理中,缺少有力的监控机制,这导致在教学计划的制定、学习成果的验证和整合等环节上,实际与预期之间存在明显的差距。

6.4.4 学徒制的认可度较低

在学徒领域,显著的问题主要体现在学徒对现代学徒制的认可度不高、缺乏契约精神以及权益得不到充分保障等三个方面。这些问题都是由我国现行职业教育制度中的诸多缺陷引起的。首先,许多学徒对于现代学徒制试点的认可度并不高,部分学徒对于合作企业的环境、条件和教学方式感到不太适应,他们对参与现代学徒制可使能力得到增强,并有利于未来的职业发展持有疑虑。同时由于缺乏有效监管机制,也使得部分学徒出现了职业素养低下、道德素质下降等现象,严重制约了现代学徒制试点工作的健康发展。其次,由于学徒缺乏契约精神,学徒的流失使得合作企业在培养成本上出现亏损,这直接妨碍了学校和企业之间未来的合作关系,同时也降低了现代学徒制人才培养的质量与效果。（史飞、胡丹，2019）再次，现代学徒制在保护和监督学徒权益方面存在明显的不足。由于法律制度建设滞后，现代学徒制中有关学徒的规定比较原则，不能有效地保护和激励学徒。由于现行的法律和法规存在缺陷，学徒在培训过程中无法获得应得的工伤保险和薪酬保障。最后，学校和学徒之间存在信息不对称，这容易造成学生与企业间利益分配不均，引发纠纷。由于培训合同的约束性较弱，学徒在企业中接受培训时缺乏严格的监管，这可能导致现代学徒制成为企业获取低成本劳动力的主要途径，引发学生流失和运营困难。

我们探讨了当前中国现代学徒制在实践过程中所面临的困境，主要有中国现代学徒制的政府制度保障还不健全，缺乏顶层设计，配套政策支持，缺乏有效的校企合作组织和利益共同体，缺乏对话和协商平台。受传统观念、政策激励不足、企业缺乏话语权、企业师傅地位不高和考核体系不完善等因素的综合影响，现代学徒制的企业参与积极性不高。学校与企业合作不紧密、学校教育不适应学生就业需要、导师队伍建设不足、工学结合教学改革不深入、缺少灵活评估机制，呈现出院校治理效率不高的现象。学生对现代学徒制认可度不高，缺乏契约精神，学生的权益得不到充分保障。因此，我们提倡政府、企业和学校不断深化合作，完善制度保障，提升学徒制的社会认可度，并通过持续改进教育课程和训练方法，以适应技能需求的转变。

第三篇

现代学徒制:制度前瞻与政策建议

现代学徒制是目前职业教育的重要组成部分,即集学校、学生和企业于一体,强调学校与企业合作、产教融合的实践导向,是一种能够满足社会经济发展需求的人才培养方式。随着科技的发展,国家也在大力推动职业教育与人工智能技术相结合,通过人工智能技术的应用,不仅可以提高教育效果,还能提升学生的实践能力。(胡光,2019)目前的现代学徒制将与人工智能结合,共同搭建学习平台、实践平台和学生创作平台。本篇章主要讨论现代学徒制中的新视角,了解新视角下的现代学徒制各方应该如何保护知识产权。

第 7 章

人工智能视阈下现代学徒制中的知识产权：现实探索与制度前瞻

  一个学生使用人工智能技术在学校完成自己的作业，因为没有进行营利活动，所以他不构成侵权行为。但当这名学生走出课堂，进入企业进行商业盈利活动时，那么他所生成的 AI 产生物是否拥有著作权？并且其自身行为是否对被学习者造成侵权？

  本章将目光放置现代学徒制的运行过程之中，通过中国 AI 著作权第一案来研究学生被侵犯抑或侵犯他人人工智能生成物时著作权应该如何处理，怎样才能保障学生、企业以及学校的利益最大化。在国家大力推动现代学徒制，希望以人工智能为引擎，带动职业教育高质量发展的今天，我们应该如何以正确的法律伦理观来看待人工智能，以及如何规避在著作权上侵犯他人。

7.1　人工智能生成物的智能创作与智慧生成

如果一棵树可以写一首诗，那么其所带来的利益是否应由其主人掌管？尽管这对于树来说不公平，但这也暗示我们的法律需要在道德上不断发展，用以保护非人类的权益。[克里斯托弗·D. 斯通，王明远（译），2010]好在树不会写诗，但是 AI 会。

> 春风拂面绿如茵，桃花笑靥映日新。
>
> 流水潺潺绕山转，翠鸟啾啾唤归人。
>
> 云卷云舒心自远，花开花落梦无痕。
>
> 静观天地大美意，一诗一酒醉红尘。

这首诗由百度开发的人工智能问答系统文心一言（ERNIE Bot）所写。单从诗本身而言，人们很难分辨诗的作者是人工智能还是一个真实的人。在创作过程中，人工智能一定程度上替代了人在智力方面的功能，所以其被视为一种有效提升生产效率的工具。

但是使用人工智能所带来的知识产权问题目前仍未被学生、学校以及企业所重视。人工智能能不能与自然人一样成为知识产权的主体？（曹新明、咸晨旭，2020）人工智能生成物究竟是否拥有著作权？如果有，那么是否第一使用者即为它的作者？作为 ChatGPT 所有者的 OpenAI 是否具有追责权利？抑或 ChatGPT 拥有阅读与改写被学习物的权利,但这是否会产生侵权行为? 中国 AI 著作权第一案可能会给我们一个较为完善的答案。

2023 年 8 月,原告李某向法院起诉称,其于 2023 年 2 月 24 日在开源软件 Stable Diffusicion 中以关键词指令方式生成名为《春风送来了温暖》的图片,并发布至小红书平台。后李某发现,被告刘某在未经自己许可的情况下在百家号发布的文章中使用了该图片,并且截去了署名水印,致使相关用户误认为刘某为该作品作者。这严重侵犯了李某所享有的著作权以及信息网络传播权,故李某请求法院判令刘某在百家号上公开道歉、消除负面影响,并且赔偿李某经济损失 5000 元。

7.1.1 案件焦点

该案件的争议焦点与审理难点在于:一是利用 AI 创作出的图片是否构成创作,若构成则这是何种类型的创作;二是原告是否享有涉案图片著作权;三是被诉行为是否构成侵权行为,被告是否应当承担法律责任。

7.1.2 案件结果

判决结果中法院首次承认 AI 生成物的“美术作品”性质。原告在利用 AI 的过程中投入了自己的智力成果,并且在利用人工智能的过程中根据自己的提示词操作进行不断修正,使 AI 生成物体现了创作者的创作意愿。针对 AI 系统开发者在开发产品的过程中,已经放弃对输出内容主张相关权利,因此认为原告为涉案图片的作者。同时,在赔偿商讨中,法院也考虑到 AI 创作的特殊性,避免了过度赔偿导致激发更多诉讼,选择了法定赔偿的最低限额(500 元)。法院以"鼓励使用人工智能"为核心判决点,史无前例地承认了 AI 生成物的作品性质,强调人工智能生成物是智力成果,同时拥有著作权。但在处罚过程中,以惩戒与舆论导向为主,对被告采用了小惩大戒的方式,防止舆论渲染导致更多诉讼。

7.1.3 学术分析

学术界针对"中国 AI 著作权第一案"提出了诸多建议。朱阁(2024)认为,法律适用需要弹性,新技术的出现并不意味着一定要进行法律修改或者是制定法律。但是针对目前法律体系以及传统法学理论来说,生成式人工智能的产出物是一种挑战。我们需要激励使用者利用人工智能进行作品创作,促进实现著作权法中"激励产品创作"之目标,这有利于保护人使用人工智能的主导地位,同时还有利于推动人工智能的创新发展与应用。

臧志彭(2023)等人则认为,即使作品不符合著作权法中前八条,但该作品作者也会以符合第九条"符合作品特征的其他智力成果"来进行控诉。该条款可解释范围过大,可能会导致在没有相关完善的法律出台之前被不当利用,所以目前著作权制度在 AI 生成物是否为作品的认定方面有很大争议,需要完善当前法律。

冯晓青(2020)等人则认为,人工智能生产物是一种属于书面加工的信息产品,在市场交易过程中具有可财产化的正当性以及制度上的可行性,所以其应该是一种可以进行自由交易的成果。目前我国法律应对人工智能生成成果的法律性质进行澄清,回应人工智能对于现行法律体系的伦理冲击,同时还需要对人工智能生成成果财产提供权利基础,推动人工智能生成物财产权的形成,以此来激励人工智能的应用以及推动人工智能技术的创新。

7.1.4　同类案件

无独有偶,原告北京北大方正字体电子有限公司发现被告倍思特食品(苏州)有限公司有侵犯原告著作权的行为。由被告倍思特公司生产、销售的"倍思特小鲜肉无糖肉酥",未经许可使用方正喵呜简体的"无糖肉酥"字样。但是被告声称本案的字体是计算机处理的结果,是工业产品,不符合著作权法关于美术作品的要件。人工智能作品著作权的归属应根据进一步的证据来评价创作者,案涉字体笔画粗细一致,笔画上没有创新,并不属于创作。被告认为享有著作权的特征不是根据某一种已有的字体,而是通过计算机的手段处理创作。

检察院认为,我国《著作权法实施条例》第二条对"作品"有明确的定义,即指文学、艺术和科学领域内具有独创性并能以某种有形形式复制的智力成果。第四条第(八)项规定:美术作品,是指绘画、书法、雕塑等以线条、色彩或者其他方式构成的有审美意义的平面或立体的造型艺术作品。涉案字库中的单字若能成为受著作权法保护的美术作品,就应当符合上述法律规定的构成要件,即具有独创性,并能以某种有形形式复制,具有审美意义的平面造型艺术。涉案的"方正喵呜简体"，其笔画特点是笔画直接、粗细均等，字形轮廓不拘一格，结构放松，易读性强，给人感觉轻松、随意，没有一般字体给人的正规感。本案涉及的"无""糖""肉""酥"四字的笔画特征，与现有公知领域中其他美术字体相比具有个性特征，体现了一定的独创性，能够独立构成美术作品。

经庭审比对，被告倍思特公司在包装上使用的"无""糖""肉""酥"四字与方正喵呜简体字库中相同汉字的区别仅是字体大小，其余在笔画特点、结构特征等方面均相同。

被告倍思特公司在未经原告北大方正公司许可的情况下，在其包装正面使用了原告北大方正公司享有著作权的"方正喵呜简体""无""糖""肉""酥"四字，其行为侵犯了原告北大方正公司对此依法享有的美术作品著作权。根据《著作权法》的相关规定，在民事侵权行为成立的基础上，侵权人所应承担的责任形式包括停止侵害、消除影响、赔礼道歉、赔偿损失等。酌定被告倍思特公司向原告北大方正公司赔偿经济损失及其他合理支出 12000 元。

本案体现出另外一个人工智能不被关注的角度：人工智能生成物对于被学习或被投喂之作品有可能会造成侵权。想要弄清人工智能的著作权归属问题，就必须弄清人工智能是如何进行创作的。

总之，在中国首例 AI 著作权案中，虽然对人工智能生成物（AIGC）作品性质存在争议，但法院首次承认其"美术作品"性质，并赋予创作者著作权。AIGC 对现有法律体系的挑战，如何平衡激励创新和保护知识产权之间的关系，也成为现代学徒制知识产权面临的新挑战。

7.2　人工智能生成物的创作机理与权利界定

　　人工智能虽然具有创造性,但一般认为,其本质上仍然是人类的辅助工具。在知识产权领域,客体问题是人工智能主要涉及的问题,集中于著作权范围进行讨论。在人工智能迅速发展的今天,人类也不再是创造性作品的唯一生产者,人工智能也已经可以进行创造性工作,其著作权的归属问题,是本节需要进行深究的问题。

7.2.1　人工智能讨论分析

　　由于我们主要探讨的是 Narrow Artificial Intelligence(NAI),即目前人类已经掌握的人工智能技术,通俗来讲,便是具有人类智力但仍然依靠提前编写好的运算程序,只会根据人的指令进行工作,在无外界干涉情况下不会主动提升工作能力的程序。(孙冲亚,2024)通用人工智能(AGI),即存在自我意识、拥有学习能力并可以进行自主决策的人工智能并不在本节的讨论和研究范围之内。

7.2.2　人工智能创作机理

　　目前,随着人工智能时代的来临,关于人工智能的使用越来越普及化。想要了解人工智能生成物的属性,首先要追本溯源,探究人工智能生成物是如何产出的。

　　刘少军(2024)等人针对人工智能生成物的产生从两个维度进行了讨论：一是生成程序，即输入指令后机器进行学习然后再输出内容；二是内容类型，根据生成的内容可以分为孪生内容、伴生内容及原生内容，三者之间甄别界定的原则在于人工智能的创作占比，如图7-1所示。

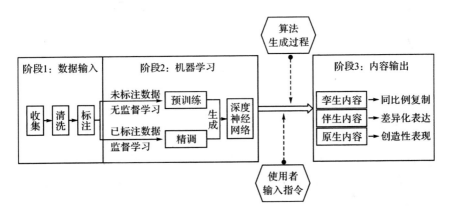

图 7-1　人工智能生成物逻辑

　　我们不难发现，人工智能在进行工作时主要进行了"输入—学习—输出"这一系列动作。依照《著作权法》第三条规定，作品包括文学、艺术和自然科学、社会科学、工程技术等。同时，能被称为作品的，是经由作者直接产生的文学、艺术和科学的智力活动，为他人创作进行组织工作，提供咨询意见、物质条件，或者进行其他辅助工作，均不被视为创作。

　　在推演人工智能运行逻辑机理的过程中，相较于传统的作品创作，人在人工智能时代下的作品创作可以不只依靠智力，也可以借助机器的演算与其内置数据库进行人工智能创作。因此,作品的范围在现行的规定下显得不够精确,也不够合理。人工智能生成的内容在某些情况下确实满足了独创性和智力成果的要求,因此具有可版权性。(孙正樑,2019)这种认定并非没有争议。有观点认为,由于人工智能不是自然人或法人,其生成的内容不应直接赋予著作权。(熊琦,2017)也有观点认为,人工智能作为一种工具,其生成的内容实际上是人类设计者意志的产物,因此应当将著作权归属于人工智能的所有者或使用者。(朱梦云,2019)

7.2.3 人工智能生成物著作权界定

关于人工智能创作物是否可以被视为作品,以及如何界定其著作权归属,是当前讨论的核心问题之一。在目前的语境下,我们主要探讨的是人工智能生成物,即基于人所创造的程序之前提下,作者通过输入指令再经过人工智能创作出的作品。这种作品可以分为"机械生成物"与"自主学习生成物",本文所探讨的核心为后者。

上文中所提到的《著作权法》第三条,明确提出作品本质是"智力成果",这可以根据以下三段论理推导出来。

大前提:所有智力成果依据《著作权法》受到保护。

小前提:人工智能生成物属于智力成果。

结论:人工智能生成物应依据《著作权法》获得著作权保护。

那么人工智能生成物如若想要获得著作权法保护,就必须满足其为智力成果的标准。所谓智力成果,需要具备独创性,并且能够以某种有形的形式进行复制。这便强调了人在其中主导性的干预与介入，这是判断人工智能是否具有知识产权的关键性突破口。因此，人工智能是否具有作品特征，关键为其生成过程中是否具有独创性，即人在进行程序运行的过程中是否起到了核心作用。著作权法意义上的作品认定规则对 AI 生成内容的可版权性提出了挑战，特别是在独创性这一核心要素上。（陈虎，2020）如果作品具有独创性，则人工智能生成物可以被认定为"作品"；反之，则不能被认定为作品。独创性的判断不仅要求作品是独立创作的，还要求作品具有最低限度的创造性。AI 通过机器学习接触作品的目的是形成算法，并非抄袭，这在一定程度上满足了"独立创作"的要求。但由于 AI 无法获取人类创作的先验元素，其生成的内容本质上不具有无限的符号变化空间，因此被认为"创造性"不足，不应被认定为作品。

在目前的制度设计方面，主要有三种策略与观点：一是"人工智能作者说"，即将著作权直接赋予人工智能本身；二是"人工智能使用者说"，即将著作权归属于人工智能的使用者或所有者（朱梦云，2019）；三是"社会公有领域说"，即将人工智能生成的内容视为公共资源，不受传统著作权法的保护。

7.2.4 人工智能生成物的学术讨论

学术界关于人工智能生成物的观点可谓争议颇多。人工智能机器本身不应被视为权利主体，仅可当作一种创作工具，因此使用此工具生成相关创作物的人应当享有相关著作权。（廖斯，2020）也有人认为，人工智能"作品"中内在地蕴含着人工智能设计者（自然人）的个性，这种个性直接表现为综合理念上的价值选择，间接表现为对特定具体表达形式的积极追求，因此人工智能"作品"可被认定为受著作权保护。一般认为，将人工智能作品的著作权归属于作出实质贡献的操作者，符合著作权法的立法趋势。（徐小奔，2019）

李谢标教授（2024）指出，随着人工智能产业的发展，人工智能生成物未来将会成为人们喜闻乐见的一种精神文化生活重要物资，所有的人工智能生成物都是在同一套算法之下在不同指令中形成的。"深度学习"是人工智能产生内容的产出逻辑，是根据使用者的要求来进行学习、产出全新的表达形式和内容，并不存在随机性或机械计算的过程。徐家力（2023）则更直白地指出，人工智能生成物是人借助人工智能这样的工具而产生的人类智力劳动成果。王国柱（2023）提出了一个"摄像机"比喻，即使用人工智能进行创作，就如同使用摄影摄像器材。影视作品是在摄影摄像设备的辅助之下完成的，但摄影摄像并不会影响作品受到《著作法》的保护。他同时也强调，在判断独创性时，有必要进行"人创造的内容"与"自动生成的内容"剥离，再评估其是否具有独创性。

有的学者则认为，艺术作品的创作本身是一场作家与观众的对话，用于对话的媒介便是作品。作品是两者交流的载体，人工智能生成物究竟能不能表达出作者的情感，观众能不能从中解读出作者想要表达的情感，也应该成为判断人工智能生成物是否为作品的一个重要标准。AI的表达是否会成为哗众取宠的"外观主义"，这也是值得讨论的问题。

对于现代学徒制来说，我们应该构建一整套"以合同约定优先，以人工智能使用者为核心、投资者为补充"的著作权权利归属制度。（卢炳宏，2021）

　　综上，我们探讨了人工智能生成物在知识产权领域的归属问题，关注了人工智能创作作品的著作权问题，分析了人工智能生成物的创作机理，人工智能的创作过程主要依靠"输入—学习—输出"的模式。人工智能生成物是否满足"作品"的定义，关键在于其生成过程中是否具有独创性特征，即人的主导性干预。学术界对于人工智能生成物著作权的归属还存在将人工智能视为创作工具、将人工智能作品视为蕴含设计者个性的作品、将人工智能作品视为人类智力劳动成果等不同观点。

7.3　现代学徒制中人工智能生成物的权责归属与合作模式

　　当前，现代学徒制中运用人工智能的语境：一是用于校园生活服务；二是教学场景设计。这里主要讨论在教学场景设计环节的人工智能著作权问题。在著作权法中，独创性和关联性是我们需要讨论的重要方面。

　　一是独创性。所谓独创性，指的是作品应为作者独立构思以及创作的结果，应具有非模仿性与差异性。非模仿性是指作品应当表现出区别于其他作品的创造性劳动，在主题相似的前提下，作品的表达方式也应该有别于已存在的作品。差异性则指作品应当通过作者独特的视角、风格、技巧或者内容编排来展示其与众不同之特质,以使作品具备独创性。(王鑫、宋伟,2016)

个性化学习材料的生成与保护。人工智能通过分析学徒的学习习惯、学习进程以及学习能力,生成个性化的教学内容和辅助材料。这些人工智能生成物可能会引发独创性和著作权之间的讨论,因此如何保护学生的数据是一个我们需要面对的问题。

交互式学习记录。在现代学徒制过程中,人工智能技术可以被用于记录学习过程,即记录师徒互动、工作现场实操、教学视频、音频以及相关的教案。在这个过程中,这些资料都能以固定的形式进行复制,当 AI 参与整合与编辑的过程时,如何界定其生成内容的著作权也是一大难题。

创作物的责任归属。这方面的描述主要集中在利用人工智能以输入指令的方式产生操作者所需要的内容。在这个过程中,人工智能只是一种工具,但是其著作权有可能会归属程序开发者、训练数据提供者或使用者。针对这类创作物的著作权归属,目前还并没有较为权威的解答。

二是关联性。关联性在学术意义上并不是专业术语,是指一种能够表达作品之间的相互联系,确定版权作品与作者身份的关联以及作品与使用环境的关联,起到确定作品为独创之作用。(王迁,2017)

著作权之适应性。在现代学徒制的框架下,人们在使用人工智能的过程中,对"作者"这一身份往往会产生疑惑,即究竟是人工智能,是程序,是开发者,还是使用者。目前的传统定义正在伴随着时代执法带来挑战,这也就使得现行执法需要进行适应性调整,达到合理界定人工智能生成物的保护范围以及归属权利。

另外,数据库作品由于是根据算法生成通过特定的数据选择与编排方式产生的,某些作品具有一定的相似性。作品在相似的人工智能环境下产生,即独特性是否还存在?

教育与产业的合作模式。在现代学徒制强调校企合作的背景之下,人工智能生成物会涉及企业内部的专用数据以及技术,以著作权为依据,会产生较为复杂的许可和利益分配问题。如果学徒在使用人工智能的过程中忽视了作品之间的相互影响,其带来的后果究竟应该如何追责?例如,作品与作品之间产生了明显的关联,并且创新和个性化的表达略显单薄;又或者是在未经许可的情况下使用了具有著作权的文学作品,侵害了他人的著作权。

总之,在现代学徒制实践中,人工智能在教学场景设计中生成个性化学习材料和交互式学习记录时,其独创性和关联性引发了著作权讨论,引发了人工智能生成物的著作权归属与合作模式问题,同时在人工智能生成物的责任归属方面也存在争议,它涉及开发者、训练数据提供者和使用者等主体。在现代学徒制背景下,人工智能生成物还涉及校企合作模式,以及由此产生的许可和利益分配问题。

7.4 现代学徒制中学生的人工智能生成物的
创造运用与使用维度

目前人工智能生成物并未列入侵犯著作权的范围对象之中,仍可以通过司法解释来扩展犯罪对象。在此之前,需要对前文提出的三个问题进行一一解答。

7.4.1 侵权困境与合法权利

首先是被学习者:"慷慨"的提供者。在针对被学习者是否被侵权,我们需要进行分类讨论。一是使用人将被学习者作品作为"学习资料"投喂给人工智能;二是被学习者作品被收录到 AI 数据库之中。后者则是强调在数据库中的数据,即软件开发者在构建数据库时,经过被学习者同意并且收纳其作品,供人工智能进行学习,在法律层面中,对于这部分数据的使用并不会构成著作权侵权。

前者所指的是在训练人工智能的过程中使用了未经允许或者是受到版权保护的材料,并且所使用材料在生成物中被直接复制或者是实质性地进行模仿,这种行为从法理上来说应当构成侵权行为。例如,在小红书平台中,画家吴衍峰未经画家貔子楷(sheep)授权允许,将其作品《龙母》版画作为学习对象,命令 AI 对其进行模仿学习,且产出与原作极为相似的作品，吴衍峰将作品命名为《龙年版画》，然后以个人名义投放至平台进行售卖并标榜为个人原创版画作品。公开资料显示，该幅版画在小红书平台上就售出 5500 余份，按每份 249 元的售价，其销售额已达百万元。根据《中华人民共和国著作权法》，原创作品的作者享有复制权和改编权。吴衍峰未经虢子楷同意，使用 AI 模仿学习《龙母》作品并产出高度相似的《龙年版画》，这可能侵犯了虢子楷的复制权。如果模仿过程中还涉及对原作品的创造性改编，则可能同时侵犯了改编权。

其次是人工智能生成物：具有合法权利的作品。在前文中，我们讨论了人工智能生成物因为其具有智力成果属性，即具有独创性、可复制性，所以其应当受到著作权法保护。同时，其具有合法权利，也意味着目前中国司法体系鼓励使用 AI 进行创作，以提高当前生产活动效率，鼓励创作出更多伟大的作品。

最后是设计者："无知"的受益人。在人工智能运行的过程中，人工智能设计者为使用者提供了数据库以及计算机运行程序。关于人工智能生成物不属于设计者，本文主要提出了以下几个反驳点。一是著作权双重获利。设计者制作软件程序，收集数据库，在这个过程中，已经被赋予软件作品生成的著作权。如若再将生成物之著作权给予作者，则作者便获得了著作权的双重保护。二是设计者与生成物的割裂。在人工智能的运行机制中，使用者通常输入指令后使程序进行学习再输出作品。在这个过程中，程序创作者并不知晓自己的程序能进行作品生成，也无法搭建出其与生成物之间的关联。三是使创作者受挫。如根据上述所言，将双重著作权给予软件开发者,则容易产生垄断性控制。这意味着使用人工智能的成本将会增加,造成使用用户减少,挫伤创作者的积极性,导致高质量作品减少。

7.4.2　伦理指引与素质培养

本文基于人工智能的视角,探讨现代学徒制框架下如何对知识产权进行管理。本文将从学校、企业和学生三个视角,为强化高校职业教育知识产权管理提供一些建议。

一是学校应构建正确的人工智能使用伦理观。在推动人工智能建设的今天,学校要帮助学生构建正确的人工智能使用伦理观。第一,将人工智能融入课程体系。将人工智能伦理教育纳入必修课程,定时定期开展相关专题教育,让学生全面、深入地了解人工智能技术所带来的社会影响、机遇以及随之而来的法律问题。第二,制定准则。当学生普遍使用人工智能时,学校可以基于学生的学习及生活习惯,为学生使用 AI 制定相关准则,帮助学生形成正确的人工智能使用方式,防止 AI 滥用以及增长惰性思维。第三,持续评估与反馈。建立评估机制,评估学生在人工智能伦理方面的学习成效,并根据反馈调整相关教学内容与方法。

二是企业应鼓励学生进行著作权申请。在现代学徒制中,针对人工智能生成物,企业可以帮助学生进行人工智能生成物创作,并且鼓励其进行著作权申请。第一,指导创新与合规创作。企业可以鼓励学生使用 AI 技术进行创作,同时教授其在遵循著作权法的前提下正确引用和授权他人作品,确保自身作品之原创性与合法性。

第二,建立监督机制。企业应建立一套针对学徒创作人工智能生成物过程的指导和监督机制,以确保所有的创作活动都在法律框架内进行,及时纠正可能的不当行为。第三,制定合作研发协议。如若企业与学校开展现代学徒制,应当签订详细的合作研发项目,明确其中权利与义务,包括但不限于著作权归属以及使用许可等。第四,鼓励原创认证。引导并且支持学生对其原创的 AI 生成物进行著作权登记,以法律之性质确认其权利,同时培养学生的知识产权意识。

三是学生应以实践来维护良好知识产权环境。第一,构建正确的伦理观念。在 AI 技术运用时应考虑到伦理,确保自己的人工智能生成物不仅合法而且合乎道德,避免侵犯他人权益。第二,增强法律意识。主动学习相关法律法规,理解何为原创性、独创性以及其在法律上的重要性。第三,进行原创性创作。在使用人工智能进行创作的过程中,应以自己的主观判断及感官情绪为主体,确保作品具有足够的个性化表达及智力创造。第四,合法使用素材。在创作中如果需要使用他人作品作为素材,则需要取得对方的授权,并且以合理使用为原则,正确标注引用来源,尊重原作者版权。第五,积极登记作品。在完成创作之后,应当考虑将自己的作品进行著作权登记,获取法律保护。

在现代学徒制下,学生使用人工智能生成作品所涉及的知识产权问题值得关注。我们认为应该关注被学习者、人工智能生成物和设计者之间的侵权困境和合法权利。从学校的角度讲,学校应将人工智能伦理教育纳入课程体系,制定使用准则,并进行持续评估和反馈。从企业的角度讲,企业应鼓励学生进行著作权申请,指导创新与合规创作,建立监督机制,并制定合作研发协议。从学生的角度讲,应构建正确的伦理观念,增强法律意识,进行原创性创作,合法使用素材,并积极登记作品。

第 8 章

现代学徒制：制度构建与政策建议

从知识产权角度对现代学徒制进行分析，并不是孤立、封闭的。将现代学徒制放置在知识产权被高度重视的大背景下，以市场形态来对现代学徒制进行深层次分析，同时充分尊重并挖掘现代学徒制自身发展的逻辑，使得现代学徒制与市场融合。本章从三大视角出发对现代学徒制提出制度发展建议与政策建议，以加强现代学徒制框架下知识产权的管理。

8.1 基于管理决策视角的现代学徒制 发展建议:制度规范与重视保护

政策的制定是一个极其复杂的环节,要经历议程设立、方案规划和方案合理化等一系列过程。把握好政策的制定环节,提高政策的制定质量是优化和改进政策的基础。我们将国际学徒制与国内学徒制的试点探索相结合,辅之以舆论情感分析、政府政策分析,我们得出结论,为了更好地探索具有中国特色的学徒制,需要从以下几个方面深入研究和实践。

8.1.1 主体利益与制度规范

针对学生群体特点,建议提供学费减免、定向就业、建立"云数据库"等优惠政策,并加大宣传力度,提升学生对现代学徒制的认知和职业自信心。同时,强调社会机构在人才培养、技能培训、标准制定等方面的作用,并鼓励社会银行机构提供有针对性的优惠政策,推动现代学徒制健康发展。

首先,应该保障学生利益,加强优待宣传。在制定实施现代学徒制的过程中,需要强调对于学生的利益保护。通过对学生群体的分析,我们发现家境条件一般、文化课成绩较为薄弱并且主要来自农村的学生比较看重经济收入,这就要求尽可能完善毕业后就业机制。针对这种情况,我们提出相关建议:一是是否可以减免这些实行现代学徒制的学生在大学期间的教育费,同时调查学生的就业目的地意向,为其分配定向就业单位,然后针对政策履行情况计入学生个人诚信档案。二是建立"云数据库",便于学校日后能够更加清晰地了解学生入职后的收入与待遇情况,了解企业用人机制和其人员流动、提拔、晋升机制。三是政府也需要鼓励学生在进入企业之后主动进修,提升学历,让学生根据自身的情况做好职业生涯规划。针对学生多数是根据家长或者是学校建议来了解现代学徒制的,且多数对现代学徒制只是一知半解,政府可以牵头学校,加大现代学徒制的宣传力度,开展政策解读或举行与学生职业发展等相关的讲座,邀请优秀学姐学长以及企业家代表开展交流会,以增强学生的职业自信心与自豪感。

其次,需要关注社会机构,完善制度规范。在现代学徒制中,制定政策环节时常常会忽视"社会机构"之作用,社会机构通常为学生提供职业培训、技能提升,并且与学校共建职业技能实训基地。如何强调社会机构在现代学徒制中的作用? 一是社会机构应发挥组织化、专业化特征,研究区域内技术人才现状,将区域内岗位需求与职业教育人才之间的关系进行疏导,在帮助政府进行决策的同时帮助搭建校企之间的人才桥梁。二是应当鼓励推行行业内标准职业技能证书,牵头组织学校和企业共同制定专业教学标准、课程标准、岗位技术标准、师傅标准、质量监控标准、学徒质量评价标准以及相对应的方案。三是社会银行机构应当利用现代学徒制政策利好,向学校、企业及学生提出有针对性的优待政策。(胡新岗等,2022)

8.1.2　奖励措施与政策支持

完善奖励措施，激励企业参与现代学徒制建设很有必要。针对现代学徒制的具体激励措施，包括激发学生个人潜能、内外激励相结合、正负激励相结合等；应增强政策强制制度的重要性，健全法律法规体系、强化知识产权保护制度、推进政务公开等具体途径。

首先，完善奖励措施，激励企学参加。在组织行为中，激励行为是循环的过程。我们针对现代学徒制提出相对应的激励措施：一是激发学生个人潜能，推动融合企业期望。通过让目标激励与个体融合，使企业期望和学生个人兴趣、能力、性格方面相契合。二是内外激励相结合，促进良性激励循环。（王建明，2015）内部激励通过学费减免、贷款优厚政策吸引学生进入现代学徒制中，外部激励通过减免企业税收、放宽福利政策进行培养。三是正激励与负激励相结合，保证公平激励。深入了解学生真实需求，根据排名分配制调动学生学习之热情，并且适时发放奖（助）学金，使学生的自尊心获得满足以及优厚职业发展选择权，实现优质企业优质生提高校企评价，也激励了企业的参与热情，辅之以负激励来起到警示警醒作用。

其次，增强政策强制度，推进学徒制建设。增强政策执行的强制度，可以有效地提升市场效率以及促进现代学徒制建设。政府强制度的提升可以通过以下几个途径进行：一是健全法律法规体系建设。在现代学徒制建设过程中，加强完善公司法、合同法、反垄断法、知识产权保护法等相关法律法规，以实现企业与学生在现代学徒制中的权责分明。二是强化知识产权保护制度。通过确保学生和企业之间的财产安全,明确界定和保护诸如著作权等产权的界定,减少相关纠纷,增强参与者信心。三是推进政务公开。在制定政策的过程中可以集思广益听取相关舆论意见及专家意见,更有针对性地强调各方之间的利益。

8.1.3　市场导向与责权明晰

市场导向和责权明晰在学徒制建设中很重要。政府通过入市场引导,并以税收、补贴、监管等手段激励企业和学校参与学徒制;制定动态调整的学徒制工作指南,并发展与企业合作的"双元"模式;建立学校与企业双重领导的团队,以确保学徒制有效运行。

首先,加强市场引导,预测未来走向。在引入市场的过程中,政府可以通过以下几点来实现。一是在政策制定过程中通过税收、补贴、收费等手段来影响企业与学校的选择。例如,前文所提及的相关学费减免、企业税收减免以及社会机构匹配调节。二是制定优待竞争政策。在公平竞争的前提之上,为企业颁发社会荣誉表彰以及进行经济补贴,提升企业社会优待度与知名度。三是灵活监管。在监管过程中不采用"一刀切""模板化"的解决方案,而应与时俱进,随着市场和技术的发展调整,避免因监管与市场发展不配套而产生抑制创新的风险。四是公企合作。在合同明确权责的基础上通过政府和企业合作提供公共服务与基础设施,利用私人企业的相关技术以及人才,来确保现代学徒制正常运营。五是激励兼容,即确保政策制定与企业利益一致,鼓励企业自动趋向政策目标。

其次,研制学徒制工作实施指南。政府需要制定一个高品质的能动态调整的学徒制工作指南,包括学生的招募和招聘、人才培养计划的制定、培训资源(如教师、设备、设施等)的准备、学徒培训的执行、学徒的就业和岗位的跟踪评估,并建立相应的反馈机制。为政策的执行提供建议,并对培训流程进行优化和调整,对学徒制建设提出对策性意见和措施。同时,政府需要发展一种与企业合作的"双元"模式,即活页式和工作手册式的学徒制教材制定方式。

最后,建立学校与企业的双重组织架构。建立包括领导、学校的核心教师、企业的内部培训师、企业前线的技术和管理核心人员的团队。

8.1.4　重视保护与价值多维

首先,重视知识产权的保护。知识产权的运用和保护,在探讨学徒制下的知识产权保护时显得尤为重要。制度的参与,作为一种创新的职业教育方式,需要厘清其权利的边界,即应当享有哪些权益,怎样才能有效行使。这不仅是关乎技术的独特优势和创新方向,从更深层次上讲,它构成了保证企业和个人在系统中拥有正当权利的依据。受传统文化、社会背景以及相关法律法规的多重影响,在师徒制实施过程中,存在一系列问题。因此,要在强化知识产权意识培育上下功夫,要加大宣传力度,开设培训课程,确保辅导老师对知识产权价值有更深入的理解。

其次,构建并不断完善知识产权的管理架构。学徒制作为学校与企业合作的一种创新方式,其持续发展需要高效的管理制度。在制度背景下,为避免潜在纠纷,确保各方权益得到维护,明确知识产权归属、使用和转让等核心问题变得至关重要。在当前的经营环境下,企业普遍存在各种不公平竞争行为,就是因为对知识产权保护的忽视。针对这一问题,各企业、各组织应高度重视,确保知识产权合规并对其进行有力监管,可通过制定清晰、高效的管理规范和运作流程来实现。同时,企业内部需要建立合适的知识产权管理体系,以确保在知识产品研发阶段不会出现与知识产权相关的风险或阻碍。加大对知识产权的管理,并为其提供适当的权益保护措施,这被认为是维护公司核心价值观的关键举措,也是确保社会公正公平的关键举措,对所有违法违规行为都要果断地予以打压。

再次,绝对不能在师徒制的框架下轻视信任管理,要重视保密条款。必须对技术信息给予充分保障,才能确保各方权益不受损害,也才能实现公司的战略愿景。为确保学徒和导师在技术信息传递过程中能够严格遵守保密协议的各项规定,每一家企业都必须实行严格的信任管理措施。另外,对于需严格遵守保密规定的相关工作人员也要加强监管。为确保企业在核心竞争能力和技术层面得到充分保护,任何违反保密职责的行为都应受到法律的严厉制裁。除了这些,企业还需要注意合理有效地评估、考核学徒与师傅,这样才能促进公司完善人才储备体系。为了保证学徒和师傅在职业生涯中始终遵循诚信、保密的核心原则,强化他们对知识产权保护的认识和意识,公司有必要对他们进行进一步的教育和培训。

最后,在制度中既要发挥知识产权的价值,又要推动产业、学术、科研的紧密合作,还要有技术创新。融入知识产权保护机制,能够有效地激发技术进步和创新能力，同时对于防止滥用知识产权的问题也有一定的帮助。加强产业、学术、研究等领域的合作关系，有助于知识产权在体系中更高效地转化和应用，使创新成果更好地为相关产业和社会服务。探讨学校与企业如何加强深度合作，在当前经济背景下，借助"互联网＋"技术促进学徒制转型升级。各类型企业、科研院所要积极探索与高校、科研单位开展深度合作和知识交流的产学研合作发展有效途径，共同推动技术创新和知识产权商业化应用。

总之，我们从管理决策视角出发，探讨了中国现代学徒制的发展现状和改进建议。现代学徒制在制度规范、奖励措施、市场导向和知识产权保护等方面还存在不足。我们认为应该保障学生利益，加强制度规范，提供学费减免、定向就业、建立"云数据库"等优惠政策，并加大宣传力度，提升学生认知和职业自信心。关注社会机构在人才培养、技能培训、标准制定等方面的作用，并鼓励社会银行机构提供针对性的优惠政策。完善奖励措施，激励企业参与，通过激发学生个人潜能、内外激励相结合、正负激励相结合等措施，激励企业和学生参与学徒制建设。同时，健全法律法规体系、强化知识产权保护制度、推进政务公开等。引入市场导向，明确责权明晰，通过税收、补贴、监管等手段激励企业和学校参与学徒制，并制定动态调整的学徒制工作指南，发展与企业合作的"双元"模式，建立学校与企业双重领导团队，确保学徒制有效运行。重视对知识产权的保护，厘清学徒制下的知识产权归属和使用问题，构建完善的管理架构，加强信任管理和保密条款，推动产业、学术、科研的紧密合作，促进技术创新和知识产权商业化应用。现代学徒制的发展需要政府、企业、学校和社会机构等多方共同努力,只有通过制度规范、市场导向、奖励措施和知识产权保护等方面的改进,才能更好地培养高素质技能人才,促进经济发展。

8.2 基于管理执行视角的现代学徒制 发展建议:政策落地与标准健全

政策执行是政策能否发挥效用的关键环节。从制定到面向受众的过程中存在一定的层级距离,层级之间在进行信息传递的过程中便产生了一系列的信息差。因此,强调政策执行,主要是为了进行纠偏,即尽可能地减少由于信息差导致的错误。(朱婕、靖继鹏,2006)

8.2.1 全面融合与政策落地

完善职业教育体系,推动产教融合、职普融通和纵向贯通,主要内容包括:完善法律支持、加强校企合作、提升参与主体动力、强化技能人才评估与应用。建立省级学徒制管理中心,推进立法工作,保障学徒权益,规范学徒制实施。创新教师队伍建设模式,保障学徒基本权利,提升社会对职业教育的认知和认同。明确政府、企业、学校和学生职责,完善成本分配和利益共享机制,增加资金支持,鼓励企业参与,推动人才培养模式改革。提高社会对技能人才的认同度。

首先,需要完善法律支持,推进产教融合、职普融通、纵向贯通的职教体系。在省级范围内制定学徒制的专门管理规定,构建学徒制的管理制度框架,成立省级学徒制的管理中心,并确保省级学徒制专委会的实际运作,同时推进学徒制的立法工作。完善校企合作育人机制,创新"双师型"教师队伍建设模式。加强产业与教育的结合,确保学徒在工资、社会保障、休假等方面的基本权利得到保障。完善国家统一政策,加强行业指导、监督与管理,确保学徒制实施规范有序。推动职业与普通高等教育的融合,研究职业教育与普通高等教育在学分积累、认证和转化方面的机制,以提升社会的认知水平和认同度。完善政府监管制度,加强对学徒制发展过程中的政策引导。对学徒制的供应层次结构进行优化,并研究本科或更高学历的高级学徒制。

　　其次,加强政策支持和制度保障,提升各参与主体的动力。我们需要明确政府、企业、学校和学生等四方的职责与权利,并构建一个科学且合理的成本分配和利益共享体系。在政策上进一步完善相关法律法规,为推行学徒制提供有力保障。我们需要增加资金支持,鼓励行业内的企业和教育机构积极参与学徒制的培训,特别是要吸引中小微企业加入学徒制的培训,同时建立跨企业的培训中心,以增强中小微企业的培训能力。通过校企联合共建现代学徒制基地,加强对企业的管理服务,促进企业与高校深度合作,提高人才培养质量。此外,我们鼓励国有企业积极承担起探索具有中国特色的学徒制的责任,并选择高质量的国有企业参与高级学徒制的培训,以形成具有代表性的案例。通过试点先行先试,推动全国范围内校企合作人才培养模式改革创新。

最后,完善和强化学徒制下技能人才的评估与应用政策,以提高社会的认同度。

8.2.2　标准健全与数字平台

首先,要健全学徒制标准体系。基于学徒培训的岗位和职业成长路径,我们从岗位职业能力的角度出发,构建了模块化的专业课程体系,并制定了专业教学标准。在此基础上,我们进一步建立了一个以专业教学标准为中心,包括课程标准、学徒考核评价标准和校企双导师标准在内的全面标准体系。同时通过实施工学结合人才培养模式改革,探索"双元制"教学模式,形成了具有鲜明特色的高职院校课程建设与教学改革新方法。根据产业的发展需求,我们构建了一个每三年一次的标准动态优化机制,通过不断修订、完善标准规范,确保人才培养质量持续提升。

其次,促进数字化平台建设,节约教育成本也是关键一环。在现代学徒制的建设过程中,我们可以引进数字化平台建设。数字化平台建设可以有效减少某些行业的性别歧视,优化知识获取途径,节省人力物力成本。(兰国帅等,2023)依据以上种种,我们可以通过以下方式来进行现代学徒制教育创新:一是构建数字化教育师生交流平台,在数字化教育平台中提供学徒需要学习的基础通识课内容,这样能够做到"节流",节省人力物力成本。同时学生可以通过网络教育端口向老师提出问题,老师也可在线上进行解答。二是搭建数字化企学交流平台。在企学交流模块中,企业可以看到学生的培养课程、在校期间的简历,能够更加详尽地掌握学徒信息。三是建立统一平台。在企业对接不同学校的过程中,统一平台能够更加高效地让企业进行学生信息浏览,同时学校也能在统一平台上更加迅捷地了解到企业资质,使双方能够进行更加高效的信息交流。

8.2.3　扩大试点与国际合作

通过扩大试点和国际合作来推进现代学徒制建设。依托共建"一带一路"政策,通过云端资源共享、线上合作教育、共享学习机制等方式,实现国内外高等教育的全面发展。

首先,应加强试点建设,扩大政策辐射面。在现代学徒制的建设过程中,我们需要强调试点的重要性。因为教育试点是推进现代学徒制建设的重要途径。关于试点建设,我们可以通过以下几个途径:一是积极推进线上线下相结合。现代学徒制要实现多人群覆盖,这就使得线上线下相结合的培训学习机制十分重要,如此既可以保障不同群体进行不同层次的学习,还可以促使学生去探索更多自己喜欢的相关领域知识。二是积极开发数字化应用。数字化应用主要是针对课程,一方面可以通过数字化手段来帮助学徒跨学科学习,另一方面可以实现对不同群体学习情况的实时监控。三是灵活化政策工具。鼓励政府开展绩效奖励,加大宣传力度来传达政策理念,引导更多地区进行现代学徒制改革,同时完善示范引领机制,全面保障试点工程成功运作。现代学徒制的数字化信息管理,本质来说是一种管理手段,其设计理念必须以"以用户为中心"来展开设计,减少不必要的行政步骤,满足用户良好的视听体验。四是简化行政管理,坚持学为中心,必须帮助学生在身心健康的前提下完成学习、招聘到就业。

五是学校行政人员在运行系统过程中需要重视学生数据,尽可能地保障学生与学校的利益最大化。

其次,我们倡导丝路云享,丰富合作。在全球化的大背景之下,依托"一带一路"倡议,中外高等教育合作可以通过云端的方式进行资源共享,实现国内外高等教育全面发展。(贺腾飞,2023)一是开展线上合作教育。积极主动与"一带一路"沿线不同地区进行合作,在传统模式之外进行创新性探索,积极响应数字化政策,搭建数字化教育平台。二是建立共享学习机制。建立统一的教育人才培养方案,帮助学生在完成本校学业学分积累的同时,又能够感受到世界各国对统一技术的不同角度的开发与思考。三是依托高新信息技术。利用新一代的信息技术,实现"现代学徒制元宇宙",做到在家中云享,足不出户学习各国知识。四是打造世界教育中国高地,以"开放、团结、包容、共享"的姿态与共建"一带一路"沿线国家和地区构建国际职业教育合作模式,深度推动"科技＋产业"融合,鼓励外国学生来华留学,也建议本国学生赴外留学,了解各国目前就业前景,对于未来职业规划有更清晰的定位。

总之,我们认为完善职业教育体系,加强校企合作,提升参与主体动力,并健全学徒制标准体系和数字化平台建设,扩大试点范围和国际合作也是推进现代学徒制的重要途径。各地创建省级学徒制管理中心是推动现代学徒制发展的重要机构,实践过程中省级学徒制管理中心需要通过明确职责权限、建立健全规章制度、加强人员配备、加强信息化建设、加强监督考核、加强与其他部门的协作、加强与社会各界的沟通等措施,确保其有效运作,为现代学徒制发展提供有力保障。数字化平台是现代学徒制发展的重要趋势，它可以有效提升学徒制效率和质量，促进学徒制国际化发展。国际合作也是推动现代学徒制发展的重要途径，实践过程中还需要积累经验、发现问题、创新模式、扩大影响、提升质量、促进交流。这些都需要政府、企业、学校等多方共同努力，才能有效推动试点和国际合作。

8.3 基于管理监管视角的现代学徒制发展建议：公共服务与共创共建

监管职能主要是通过评价经济绩效与社会绩效，对政策实施动态均衡和动态调整，帮助政策能够真实落地，按照既定目标、合作方式来确保合作内容的实现。并且，监管单位还可以推动合作不顺利的校企双方来承担合作职责、履行义务、实现权利。所以，关于监管位，可以从以下几方面入手。

8.3.1 评价监管与公共服务

构建和完善现代学徒制评价与监管体系，以确保其有效运行，可以通过建立多元化评价体系、创新评估工具和方法、加强监管机制、组建中介机构等。由政府、行业、企业、学校和社会共同参与，对学徒制人才培养质量进行全面评估，并形成"以需求为导向"的专业设置优化模式。构建涵盖学徒学习全过程的纵向评估体系以及德、智、体、美、劳各方面的横向评估体系,以便更好地应用评估结果。实施学徒制注册认证机制,并对参与培训的学校和企业进行资格认证以及培训流程监督,确保教育教学质量。建立仲裁、咨询和安全中介机构,为三方提供信息沟通、矛盾调解和安全保障等服务,促进现代学徒制健康发展。

首先,应遵循标准构建学徒制评价与监管体系。现阶段,我国尚未构建现代学徒制独特的评价与监管体系。体系建设可从以下几方面着手:一是加速培养学徒制第三方服务机构,建立职业资格证书制度、职业技能等级认定制度和职业资格准入制度,提升学徒就业创业能力。二是构建包含政府、行业、企业、学校和社会的多元化评价体系,推进学徒制考核评价的专业化、科学化和社会化,健全人才培养质量保障体系,形成"以需求为导向"的专业设置优化模式。三是创新评估工具和方法,构建涵盖学徒制学生学习全程的纵向评估体系及德、智、体、美、劳各方面的横向评估体系,优化评估结果的应用。四是依据学徒制准则,强化企业间合作机制,全面监控教育和教学质量。实行学徒制注册认证机制,强化对培训学校和企业的资格认证以及培训流程的监管。

其次,建立中介提供公共服务。中介范围较广,不仅包含前文提到的机构,还包含仲裁、咨询及安全中介。仲裁中介主要解决合同纠纷,进行三方矛盾调解。咨询中介可以解答学生对制度的疑问、帮助招聘单位选择合适的生源、协助学校制订定制化的学生培养方案,减少信息不对称现象。安全中介负责学徒制过程中学生安全问题,如为学生投保及进行安全预防评估。

8.3.2　共创共建与人工智能

在人工智能快速发展的背景下，现代学徒制面临着新的知识产权监管挑战，应积极应对。如，加强知识产权保护制度建设、完善人工智能基础设施建设、推动人工智能与实体经济融合发展以及明确知识产权责任划分等，从是为人工智能技术发展营造良好的法治环境，促进现代学徒制健康发展。

首先，共创共建。过去，教育制度强调政府主导，而今，我们主张政府从主导转向监督，具体措施如下：一是强调市场引导作用，让市场在高校教育中发挥主导作用，政府仅在市场无法发挥作用的领域介入。二是倡导校政分离，赋予高校自主管理、自我约束、自我发展的权利，增强其主观能动性。

其次，人工智能带来现代学徒制监管方面的新思考。人工智能作为引领科技变革和产业革命的关键技术，正推动社会生产力进一步升级。在人工智能与实体经济深度融合的当下，人工智能已成为拉动经济增长的新引擎，但仍存在不少问题，如，人工智能创作的作品归谁所有？是否侵犯了被模仿者的知识产权？能否申请知识产权专利？若使用 AI 创作引发的法律风险由谁承担？等等。

针对上述问题，监管部门可采取如下策略：一是加强知识产权保护制度体系建设，完善数字产权的确权、授权与维权，加大企业发展人工智能等数字技术的知识产权保护力度。二是加大人工智能基础设施建设力度，持续优化创新激励政策、产业政策、财政及税收优惠政策，优化企业间人工智能使用环境。三是推动人工智能与实体经济融合发展,助力经济腾飞。四是权责分明,在技术研发前签订知识产权划分协议。

总之,从管理监管视角看,现代学徒制监管体系的构建和完善,需要建立多元化评价体系、创新评估工具和方法、完善监管机制等。在人工智能的背景下,现代学徒制监管也面临新的挑战,应加强知识产权保护制度建设、完善人工智能制度创建。我们认为构建现代学徒制下知识产权管理方案,应以史为鉴、返璞归真、纵观全局。知识产权的开发与管理是实现现代学徒制"教产融合"和共赢局面的必由之路。

8.4 基于现代学徒制下知识产权管理方案设计:学生为本与教产融合

究竟如何构建现代学徒制下的知识管理方案?本节从哲学层面,以处理学校、企业及学生等三方面关系为核心给出如下见解。

第一,以史为鉴,从历史的发展轨迹梳理未来时代潮流和方向,掌握现代学徒制演变的趋势与未来潮流。中国学徒制的发展经历了借鉴—本土—国际化三个阶段,并且坚持以人为本,注重学生未来职业规划,谋求学校与企业共同发展、共享成功。但目前现代学徒制的发展仍处于学校教育与企业培养接力进行这一阶段,距真正做到"以学生为本"还有一定距离,绝大多数企业对于吸纳高职学生还有一定的抵触情绪,而学生本身在毕业后从事本专业事务的人数也寥寥无几。在学生只是按部就班学习而缺乏创新积极性与自主驱动意识的高职教育制度下，知识产权的激励作用显得尤为重要，如同鳗鱼里的泥鳅，需要一剂强心针才能让学生积极拥抱所学专业。

第二，返璞归真，从教育的本质出发，引导学生创新逻辑发展，坚持专业—学生目标相融合的核心原则。本书的研究揭示了现代学徒制的本质以及高职教育目前的状态——认为利益是感召学生和凝聚企业形成共同目标的最根本动因。这为现代学徒制发展指明了道路。但是，又不能一味强调利益的重要性，这便要求学校创造组织环境，对学生进行心理目标影响。首先，学校需要重视学生的心理，重视学生个体心理目标的自主性，通过校园赛事活动以及奖励机制增强学生驱动力。其次，完善奖励机制，促使学生产生与学校共创未来的想法，关注学生心理预期，必要时进行调整。最后，学校应支持学生，为学生创造良好的创新条件，以便于组织环境形成良性循环。

第三，纵观全局，理解学生，引导学生辩证地看待行业前景。在当下社会场域中，企业所处环境的不确定性与动态性成为影响学生理解所学专业前景的关键。面对现状，应帮助学生认识到创新性之重要，帮助学生理解创新才是激发个人主观能动性的关键。加深知识产权在行业运行中的地位，帮助学生辩证地看待当前所处行业，既要了解行业弱势，更要发掘行业潜在价值，不能一味地向学生施压。诚然，个体之间具有差异性，但要让学生看到差异不是差距，要明白创新也是创意，这样才可能更深层次地发展现代学徒制。在这一过程中，知识产权的介入是现如今较为明显的途径。

现代学徒制的发展是当前高职教育的重要一环。在目前大多数企业为之抗拒时,我们的首要任务是扭转高职学生的评价,消除企业偏见,在此基础之上逐步推进高职教育发展,最终走向共赢局面。这一过程需要学校的助力,学校要宣传高职学生的创新实践能力,塑造学生、企业与自身的共同愿景,促进"教产融合",最终实现学生、企业和学校之间的共振与协同发展。而知识产权的开发与管理,正是这一路径的实证成果及必由之路。

总之,在现代学徒制背景下,构建知识产权管理方案,对促进教育与企业深度融合同样十分重要。知识产权管理是推动现代学徒制发展的重要途径,它可以促进学校、企业和学生之间的协同发展与共赢。我们应该以史为鉴,分析中国学徒制发展历程,明确目前现代学徒制仍处于发展阶段,加强学生创新意识,完善知识产权激励机制。从教育本质出发,引导学生关注专业目标和未来职业发展,并通过奖励机制和目标影响,激发学生学习动力。我们应该帮助学生理解行业前景,培养创新思维,并通过知识产权管理,将学生创新成果转化为实际价值。

第9章

现代学徒制中的知识产权：机遇挑战与政策建议

通过前文系统性的文献分析、深入的理论讨论和规范的实证研究，我们为现代学徒制的本质、生成机制和其中知识产权的运行基理构建了一套相对完整的理论逻辑。本章将在回顾前文各章节研究结论的基础上，对现代学徒制的观点体系进行总结。

9.1　现代学徒制中知识产权的形成归属：有效保护与创新为本

　　总结前文各章节的分析与论述,我们认为,现代学徒制作为一种教育模式,其核心在于构建学校与企业之间的紧密合作关系,实现知识与技能的传承与创新。知识产权保护是现代学徒制有效运行的基石,其管理原则应以激发创新为核心。

　　第一,现代学徒制作为一种教育模式,其核心在于构建学校与企业之间的紧密合作关系,以实现共同的教育目标。这一制度不仅为学生提供了理论与实践相结合的学习环境,还通过明确的职业路径和目标,激发了学生的主动性与积极性。在这一框架下,学生被鼓励积极参与实习活动,积极融入社会,以促进个人职业发展。现代学徒制的实施涉及多个利益相关者,包括企业、学校、学生以及政府。其中,企业在这一制度中扮演着至关重要的角色。作为学校教育与社会市场需求之间的桥梁,企业不仅为学生提供实际工作经验,还帮助学生理解职业要求和行业标准。这种实践经验的积累对于增强学生的自我认同感和明确职业发展方向具有重要意义。现代学徒制通过提供一个公开透明的学习平台,增强学生对学习过程的理解能力和掌控能力。这种透明度有助于学生明确学习目标、评估学习状态,并及时调整学习策略。此外,该制度还强调反馈的重要性,学生可以从企业导师和学校教师那里获得及时的指导与建议。同时,政府在现代学徒制中也扮演着重要角色,可通过监管和评估机制,确保学徒制的实施符合教育和社会的需求。

第二,在现代学徒制的框架下,对知识产权运行机制的完整与准确理解是实现有效知识产权保护的基石。知识产权作为一种私权,其本质是对个人智力成果进行法律上的认可与保护。在这一制度中,师傅向徒弟传授的技术和知识,往往涉及专利、版权、商标或商业秘密等多种形式的知识产权。这些智力成果不仅是师傅专业经验的结晶,也是徒弟学习与创新的基础。现代学徒制的核心在于知识与技能的传承与创新。在传授过程中,师傅的技术和知识可能包含具有商业价值的专利或商业秘密,若这些成果得不到适当的法律保护,可能会遭受非法复制或滥用,从而损害师傅的合法权益,抑制创新动力;反之亦然。因此,知识产权的保护对于维护师傅与徒弟之间的教学关系、保障创新活动的健康发展具有重要意义。学校作为教育和学习的场所,有责任对学生进行知识产权的教育培训。这包括但不限于知识产权的基础知识、相关法律法规以及知识产权在创新中的应用等。通过这种教育,学生能够认识到知识产权的重要性,学会在创新过程中尊重和保护他人的智力成果,同时维护自身创新成果不被侵犯。企业在现代学徒制中则扮演着实践教学和职业培训的角色。企业与学生通过签订知识产权协议,明确学生在企业实习期间创造的知识产权的归属、使用和保护等问题,这有助于界定学生与企业之间的权利与义务,确保双方在知识产权创造和使用过程中的合法权益得到保障。

第三,现代学徒制中的知识产权管理原则核心在于激发创新。

该原则对于学生、企业乃至整个社会的技术进步和经济发展具有深远影响。在现代学徒制框架下，知识产权保护机制通过确保创新者能够从其智力成果中获得经济利益，为学生和企业的研发与创新活动提供了必要的激励。这种激励不仅促进了新知识的创造，还促进了现有知识的改进与应用。知识产权的保护在教育中也具有重要意义。现代学徒制的核心特征之一是知识与技能的传承，而合理的知识产权管理可以促进知识的共享，同时确保创新者的权益得到保护。这种平衡至关重要，因为它既鼓励了知识的自由流通，又防止了知识产权的滥用与侵犯。从企业的角度来看，知识产权管理在促进技术转移和加速创新成果的实际应用方面发挥着关键作用。企业通过知识产权保护，能够确保其研发投入转化为市场竞争优势。此外，知识产权还可以作为一种战略资产，通过许可、转让或其他商业化途径，为企业带来直接的经济回报。为了实现这些目标，现代学徒制需要对学生进行周期性的知识产权教育与培训。内容不仅应包括知识产权的基础知识，还应涵盖最新的法律发展、案例研究以及知识产权管理的最佳实践经验。通过这样的教育，学生能够在遵守法律框架的前提下，有效地管理和利用知识产权。

第四，现代学徒制中的知识产权管理亟须关注"人工智能著作权"问题。首先，我们应当强调人工智能（AI）在创新过程中的重要角色。作为一种工具，AI能够显著提升工作效率，学生可以利用AI进行数据分析、语言处理等任务，从而在创新性创作中获得新的视角和解决方案。其次，AI生成物的著作权问题同样值得重视。随着AI技术的不断发展，AI生成的作品如文本、音乐和艺术作品等，已在法律上引发了一系列争议。目前,大多数国家的法律尚未明确规定 AI 生成物的著作权归属问题。因此,在现代学徒制中,学生在使用 AI 进行创新性创作时,应当明确自己对 AI 生成物的著作权,并在必要时寻求法律咨询。再次,学生必须核实所使用素材的合法性。在进行创作时,学生需要向 AI 提供大量素材,这些素材被称为投喂素材,可能包括文本、图片、音频等,它们是 AI 学习和生成新作品的基础。学生在使用这些素材时,必须确保其具备商用资格,即已获得相应的授权或许可。这不仅有助于避免侵犯他人的知识产权,还能确保 AI 生成物的合法性和可用性。此外,现代学徒制应将 AI 技术融入教学环节,锻炼学生对 AI 的理解及应用技巧。其中包括训练学生运用 AI 进行创新实践,评估 AI 生成内容的质量和可信度,在法律范畴之内规范地运用 AI。如此,学生不仅能提升自身创新能力,更能养成尊重和保护知识产权的意识。最后,AI 技术的伦理问题亦需引起重视。在运用 AI 进行创新实践时,学生需关注 AI 技术的伦理问题。如 AI 可能在创作过程中复制他人作品,从而导致抄袭或侵权纠纷。这就要求学生在运用 AI 进行创新实践时,应保持独立思考和创新精神,避免过度依赖 AI,要理解如何与 AI 协作,发挥各自优势,共同打造优质作品。

现代学徒制下知识产权保护机制的核心原则具有普适性,但其具体实施方式需要根据不同教育模式的特点进行调整。通过加强知识产权教育、明确知识产权归属、建立激励机制和关注新技术发展,可以有效地保护知识产权,促进创新人才的培养。

知识产权保护对现代学徒制十分重要。知识产权保护的管理原则应着眼于激发创新。无论是在现代学徒制还是普通的大学教育，知识产权保护都是促进创新、维护公平竞争、保障各方权益的重要手段。知识产权保护机制通过确保创新者能够从其智力成果中获得经济利益，从而为学生的研发与创新活动提供必要的激励。合理的知识产权管理可以促进知识的共享和传播，同时确保创新者的权益得到保护，平衡知识的自由流通与知识产权的专有性。

现代学徒制更强调实践性，学生参与企业实习，更容易接触到具体的知识产权问题，例如商业秘密保护、技术转移等。大学教育可能更侧重理论知识的学习，实践性相对较弱。现代学徒制通常采用学校与企业合作模式，企业参与学生的培养过程，因此在知识产权归属和管理方面需要考虑企业与学生的利益平衡。现代学徒制需要更注重对学生进行知识产权实践操作能力的培养，例如如何进行专利申请、如何进行版权登记等。大学教育则可能更侧重知识产权理论知识的传授。

知识产权管理原则不是一成不变的，需要随着技术的发展和法律的变化而不断调整。只有不断适应新的环境和挑战，才能更好地保护知识产权，促进创新人才的培养，推动社会经济发展。人工智能、大数据、区块链等新技术的出现，为人工智能在现代学徒制中知识产权的创造、保护和利用带来了新的挑战和机遇。针对 AI 等新技术带来的挑战，我们需要制定新的知识产权管理规则，明确其著作权归属和使用方式；建立有效的知识产权保护机制，例如知识产权预警机制、侵权纠纷解决机制等，以维护学生的合法权益。

9.2　现代学徒制中知识产权的理论贡献：
本源探索与制度融合

现代学徒制代表了一种强调学校与企业合作、教产融合、以实践为导向、能够满足社会经济发展需求的人才培养方式。现阶段,众多西方国家根据其国情发展出各自的现代学徒制模式。这不仅培养了国家所需的高品质、高技能的人才,还为国家未来发展提供了大量劳动力储备。本书的研究实现了文献分析与历史反思相结合、理论推导与实证检验相结合、理论创新与事实热点相结合,对理解新时期现代学徒制框架下的知识产权,以及明确知识产权变革方向与路径具有重要启示。

总的来说,本文的学术贡献表现在以下三个方面:

第一,我们在现代学徒制制度基础之上,基于知识产权理论,融合国内外视角为现代学徒制发展提供了新的理论基础与科学方法论。

第二,通过探讨现代学徒制之本质及其生成的底层逻辑,深度挖掘了现代学徒制核心,促进了新时期现代学徒制的发展,也为现代职业教育做出了贡献。

第三,从微观层面(学生个人)与相对宏观层面进行阐述,利用PMC模型为现代学徒制的理论研究开辟了新道路。

具体来说,本文的理论贡献如下:

第一，追本溯源，解释中西方现代学徒制的发展。中国特色现代学徒制与其他国家学徒制的最鲜明区别在于：一是学生具有支持传承转换的双身份；二是教学者是知识传承转换的双主体；三是师资培育起到了知识传承的双保障作用；四是教学过程起到了知识传承转换的双控制作用。

第二，比较分析，深入剖析与构建现代学徒制的逻辑。本文创新性地使用 PMC 政策分析模型与情感价值模型，并运用到现代学徒制的分析中，力求做到多维度了解现代学徒制的情况。这是在现代学徒制分析中史无前例的，也是第一次出现的。

第三，大胆尝试，探讨现代学徒制中知识产权应如何保护的问题。将现代学徒制与知识产权法律制度进行结合阐述，针对现代学徒制国内外情况、现代学徒制知识转化形式，结合我国现行的知识产权法律制度以及中国现代学徒制舆论环境进行了深层次分析，以促进企业、社会以及国家寻求新经济发展增长点。

我们从历史和比较的视角出发，阐述了中国特色现代学徒制的知识传承转化内生性特征。中国特色现代学徒制的知识传承转化内生性特征，体现在学生、教师、师资培育和教学过程等方面。这种内生性特征使得中国特色现代学徒制能够有效地将理论知识与实践技能相结合，培养出高素质的技术技能人才，满足社会经济发展的需求。

我们创新性地运用 PMC 政策分析模型和情感价值模型对现代学徒制进行多维度分析。我们把 PMC 政策分析模型和情感价值模型结合起来，不仅关注政策制定和实施，也关注公众对现代学徒制的情感态度和价值评价,从而更全面地分析现代学徒制的发展现状和未来方向,并为现代学徒制政策的制定和实施提供参考依据。

我们主张建立健全知识产权管理制度,制定现代学徒制知识产权管理办法,明确各方在知识产权保护中的权利和义务;建立知识产权保护工作机构,负责知识产权的申请、保护和管理;加强知识产权宣传培训,增强各方对知识产权保护的意识。明确学生在学徒期间产生的知识产权归属,例如专利、著作权等,可以根据具体情况采用约定优先、贡献比例等方式确定。明确企业和学校在知识产权保护中的责任和义务,例如提供必要的资源和支持、维护知识产权权益等。加强知识产权保护有以下一些措施:

我们主张建立知识产权侵权预警机制,及时发现和处理知识产权侵权行为,加强知识产权保护技术研发,提高知识产权保护水平,设立知识产权保护基金,为知识产权维权提供资金支持。我们主张加强促进知识产权转化应用,建立知识产权转化应用平台,促进知识产权成果的转化和应用,鼓励学生和企业进行知识产权转化应用,推动技术创新和产业发展,加强知识产权转化应用人才培养,提升知识产权转化应用能力。

中国特色现代学徒制离不开国际合作与交流。我们应该学习借鉴国外现代学徒制知识产权保护的先进经验,积极开展国际合作项目,促进知识产权保护领域的交流与合作,建立知识产权保护国际协调机制,共同应对知识产权保护面临的挑战,为现代学徒制中的知识产权保护提供有效保障。

9.3　现代学徒制中知识产权的总结归纳: 激励创新与双向赋能

国外的现代学徒制阐述主要集中于"新学徒制"模式、"三明治"模式、"双元制"模式。我们将中国现代学徒制与国外现代学徒制进行比较,可以发现不足,并提出相应的修改建议:一是完善法律法规,构建学徒制保障制度;二是完善学徒制监督制度,保证学徒培养质量;三是建立完善的管理机制,鼓励多方协同治理;四是深化校企合作,以企业为中心、市场为导向;五是完善成本分担机制,保障企业投资收益;六是整合利益相关者利益,构建多方共赢的合作机制;七是营造学徒制文化氛围,促进文化与制度建设的良性互动;八是搭建现代学徒制服务平台,加快现代学徒制的推广。

我们对国内现代学徒制进行实践分析,可以分为中国现代学徒制发展历程、现代学徒制在中国的政策、知识产权制度法理分析与实施考量,以及现代学徒制在中国目前所遇到的现状与困境等问题。现代学徒制究竟为中国的职业教育提供了什么? 现代学徒制究竟是如何实施的? 现代学徒制如何影响知识产权制度? 我们发现现代学徒制存在政府制度保障不健全、企业参与度不足、院校治理不强、学徒认可度不高等实践困境,而这些问题都值得进一步研究。

在关于现代学徒制践行过程中知识传承转化的研究中,我们主要是以现代学徒制核心理念——"学徒在师傅的引导下进行知识或技能的学习"展开论述,先进行现代学徒制的中西方运行机制比较,了解到知识转移的运行肌理,即一是共同化环节;二是表出化环节;三是联结化环节;四是内在化环节;通过潜移默化、外部明示、汇总组合和内部升华等四种途径实现了知识转移。现代学徒制中的知识共享催化了知识转移,也便促进了现代学徒制中知识的学习、再创造。

我们研究发现,中国特色现代学徒制与其他国家学徒制最鲜明的不同在于我国现代学徒制的知识传承转化内生性特征,具体可以归纳为以下四点:一是学生具有支持传承转换的双身份;二是教学者是知识传承转换的双主体;三是师资培育起到了知识传承的双保障作用;四是教学过程起到了知识传承转换的双控制作用。

本书的核心内容主要围绕三个问题进行思考:一是探究学徒制中为何会产生知识产权;二是如何判别知识产权归属才能使得参与方共赢;三是如何保证知识产权在现代学徒制中起到正向作用。

知识产权是一种无形的财产,是人类劳动的产物,是社会分工的结果,更是商品经济的伴生物。(范运和,2003)劳动者的劳动,无论以什么形式进行,必然会投入劳动者的脑力与体力。知识产权的最主要表现形式便是专利,而专利的宗旨就是激励创新,保护智力劳动。(简南红,2001)现代学徒制作为一种校企合作的高职教育模式,要求学生在劳动中进行从书面到实践的转化,以学生自身的主观能动性为前提,去带动产业发展。学生在师傅的指导过程中,难免会产生一系列的创造性构想。当创造性构想通过一系列的申请变成专利,知识产权便诞生了。

知识产权通常在三种环境下产生，一是在学生与师傅之间的学习环境中产生；二是在学生与企业之间的培养环境中产生；三是在学生、企业与学校所进行的协作过程中产生。于是便引出师徒之间、学生与企业之间以及校企之间有关于现代学徒制之间的争端。

根据知识产权本身特性分析，我们可以给以上三种矛盾提供解决路径，即技术转让路径与合作开发路径。其中技术转让路径又可以分为所有权转让、使用权转让及转让权转让，而合作开发路径又可以分为企业独占知识产权与共享知识产权。不同路径会导致利益分配的不同。

在利益分配的过程中，本书倡导政府在其中起监督调解作用，争取做到平衡各方利益，让每一方的利益实现最大化。我们可以通过几种方式进行归属调节，来保证双方共享知识产权：一是降低教育投资人力资本专用性程度；二是增强合作过程中双方可信承诺；三是降低教育资源投资的外部影响。

我们看到现代学徒制中知识产权的运用也存在管理困境：一是制度缺失，尚未健全完善的知识产权管理制度；二是思想缺失，缺乏知识产权制度管理思想；三是数量缺失，知识产权数量不足质量低下；四是氛围缺失，保护知识产权的氛围需要改善。

在现代学徒制中实行知识产权管理有利于激励创新，推动企业与学生积极加入；有助于保护权益，优化行业环境；加速资源全球化，推动知识产权体系持续完善与发展。本书尝试提出现代学徒制中知识产权的优化路径：一是合理分配资源；二是定期开展自查；三是加强教育培训；四是增强文化认同。

本书还对现代学徒制目前所处的舆论环境与政策环境进行分析，认为受众、社会以及学术界一致看好现代学徒制发展，但还有一部分受众对现代学徒制有抵触心理。在政策分析中，我们发现政策之间呈现出一致性，这说明：一是政策受众覆盖面并不全面；二是激励措施有待完善；三是政策性质缺乏强制性；四是政策工具不够多样化。

我们认为，从知识产权角度对现代学徒制进行分析，并不是孤立、封闭的，而是将现代学徒制放置在知识产权被高度尊重和重视的大背景之下，以市场形态来对现代学徒制进行深层次分析，同时也充分尊重和挖掘现代学徒制自身发展的逻辑，使得现代学徒制与市场融合。从决策角度来看，我们可以通过保障学生利益，加强优待宣传；关注社会机构，完善制度规范；完善奖励措施，激励企业、学校参加；提高政策强制性，推进学徒制建设；引入市场引导，预测未来走向；研制学徒制工作实施指南；重视知识产权保护；研究视角要由单一走向多维等。从执行角度来看，可以通过加强法律支持，推进教产融合、职普融通、纵向贯通的职教体系；加强政策支持和制度保障，提升各参与主体的动力；健全学徒制标准体系；促进数字化平台建设，节约教育成本；加强试点建设，扩大政策辐射面；简化行政管理，坚持学为中心；利用"一带一路"倡议，共建世界教育高地等手段来健全现代学徒制度。从监管角度来看，我们可以基于标准来构建现代学徒制评价与监管体系；组建中介提供公共服务；加强人工智能在现代学徒制中的使用等。

总之，本书通过深度发掘现代学徒制中知识产权的运行机理，努力在经济形态快速"迭代"的今天,以创意经济为两翼,以知识经济、科技及市场为主体,探究现代学徒制与知识产权制度的良性促进关系,帮助中国职业教育走得更远更健康,从而进一步推动中国职业教育高质量发展。

9.4 现代学徒制中知识产权的未来趋势: 检验实践与凝炼特色

综上所述,本书的研究创建了一套体系化的现代学徒制理论,相信对推进现代学徒制中知识产权管理具有重要价值,但也存在一些不足,在未来研究中仍需要继续完善。同时我们的探索为未来如何研究现代学徒制和开发知识产权其他管理理论提供了有价值的启示。

本书研究的不足主要表现在:第一,作为研究的理论基础,目前中国现代学徒制本身还有待检验;第二,对现代学徒制的分析和构建尚未得到全面的科学检验和实践检验,未来需要加强实证研究和实践检验;第三,我们分析提出的 PMC 指数模型在一定程度上具有主观性,可以通过案例研究、定性研究以及问卷调查等来探索它的结构成分、特征,分析其测量工具。

本书为现代学徒制研究提出了一个新方向。例如,就现代学徒制框架下的学生概念,第一,在定量方面可以加大对在校学生或者是已经毕业的学生的情绪感知调查,系统地考察、比较不同类型学生在现代学徒制框架下的反馈;第二,深入考察不同类型的学生的社会背景及其家庭条件,为变革和建设现代学徒制提供理论指导;第三,可以根据学生所处的职业成长发展阶段,设计相应的现代学徒制培养计划,以促进企业发展;第四,深入剖析优秀的现代学徒制毕业的学生案例,探究现代学徒制对学生的启发与帮助。

总的来说,现代学徒制是一个新兴的教育模式,在中国已经得到了一定的实践,取得了一定的成效,但仍处于不断完善和发展的阶段,需要进一步实践和检验。我们认为应该继续扩大现代学徒制的试点范围,积累更多实践经验,加强现代学徒制的理论研究和实证研究,完善现代学徒制体系,加强对现代学徒制毕业生的跟踪调查,评估现代学徒制的成效,借鉴国际先进经验,推动现代学徒制高质量发展。

虽然 PMC 指数模型在现代学徒制中具有积极的应用价值,但在未来仍需要进一步研究和改进,以便更好地服务现代学徒制的发展。未来现代学徒制的研究可以从学生概念、不同主体视角、知识产权类型、知识产权价值实现、国际比较研究、新兴领域等多个角度拓展。

在未来的研究中,我们应该系统地考察学生在现代学徒制框架下的情绪感知,深入考察学生的社会背景和家庭条件,分析这些因素如何影响学生在现代学徒制中对知识产权的认知和应用;深入剖析优秀的现代学徒制毕业学生案例,探究现代学徒制如何帮助学生增强知识产权意识;研究政府如何制定和完善相关政策法规,支持现代学徒制下知识产权的保护和应用;研究如何建立健全知识产权公共服务体系,为现代学徒制提供知识产权信息查询、咨询、维权等服务;

研究如何建立和完善知识产权课程体系，将知识产权教育融入现代学徒制的教学过程。

在未来的研究中，我们应该研究如何开展知识产权实践教学，通过知识产权模拟法庭、知识产权案例分析等，提升学生的知识产权实践能力。我们应该将中国现代学徒制下知识产权的研究与其他国家进行比较，借鉴国外先进经验，完善中国现代学徒制下知识产权的管理模式，形成自己的特色。我们应该通过实证研究，检验现代学徒制下知识产权管理的有效性，并探索影响知识产权管理的因素，建立现代学徒制下知识产权管理模型，为知识产权管理提供理论指导，为推动现代学徒制高质量发展提供理论支撑和实践指导。

[1]卜令通,许亚楠,张嘉伟,等,2021.2015—2020 年中国众创空间政策量化评价[J].中国科技论坛,(7):46-56.

[2]卜令通,张嘉伟,2023.基于 PMC 指数模型的数字经济政策量化评价[J].统计与决策,39(7):22-27.

[3]蔡添娇,2019.现代学徒制背景下高等职业教育课程建设研究[D].武汉:湖北工业大学.

[4]曹新明,咸晨旭,2020.人工智能作为知识产权主体的伦理探讨[J].西北大学学报(哲学社会科学版),50(1):94-106.

[5]曹永浩,胡丽英,陈仲宁,等,2015.基于"现代学徒制"下的"企业课堂"教学创新与实践[J].中国职业技术教育,(8):74-78.

[6]查国硕,2016.21 世纪澳大利亚职业教育政策演进解读[J].职业

教育研究,(6):83-87.

[7] 常卫锋,2015.高职酒店管理专业现代学徒制的实践探索[J].人才资源开发,(6):122-123.

[8] 陈海峰,2015.现代学徒制的本质及模式多样化探讨[J].中国职业技术教育,(18):45-48.

[9] 陈虎,2020.论人工智能生成内容的可版权性——以我国著作权法语境中的独创性为中心进行考察[J].情报杂志,39(5):149-153+128.

[10] 陈杰萍,2020.安徽省中等职业学校现代学徒制人才培养模式研究[D].天津:天津大学.

[11] 陈鹏磊,李郡,2015.英国职业教育协同育人模式的经验借鉴——基于"三明治"教育模式与现代学徒制模式[J].职业教育研究,(7):84-87.

[12] 陈庆,王杭芳,2023.基于现代学徒制的职业院校"三圈三全"人才培育模式构建[J].职业技术教育,44(32):11-15.

[13] 陈衍,2011.新余面临新考[J].职业技术教育,(30):4.

[14] 陈玉秀,代洪波,丁盈,2023.现代学徒制背景下学生专业技能培养模式的探索与实践[J].科教导刊,(27):69-71.DOI:10.16400/j.cnki.kjdk.2023.27.023.

[15] 陈智强,2010.德国"双元制"本土化的实践——健雄职业技术学院"定岗双元"培养模式[J].成人教育,(12):93-94.

[16] 崔晓杰,关晶,2020.优质学徒制的要素:国际劳工组织的建议与启示[J].职教论坛,36(5):41-48.

[17] 崔钰婷,杨斌,2018.我国现代学徒制人才培养模式综述及反思[J].当代职业教育,(2):71-78.

[18] 代锋,罗美霞,2019.现代学徒制实施中"虚"过于"实"的原因及对策[J].职业技术教育,40(27):32-36.

[19] 单文周,李忠,2019.现代学徒制试点中双导师制:内涵、瓶颈及路径[J].社会科学家,(8):143-148.

[20] 邓恒,葛畅,2022,刘爽.高校知识产权管理规范体系构建与进路研究[J].中国高校科技,(4):89-96.

[21] 邓社民,靳雨露,2019.人工智能作品的著作权归属探析[J].学术探索,231(2):75-81.

[22] 翟志华,2017.澳大利亚现代学徒制成功经验对我国的启示[J].无锡商业职业技术学院学报,17(4):84-88.

[23] 翟志华,2020.德国现代学徒制的制度设计透视[J].职教发展研究,(4):81-89.

[24] 翟志华,2017.基于利益相关者的现代学徒制推进策略[J].新疆职业教育研究,8(4):49-56.

[25] 董菊芬,2014.基于 TAFE 模式的中外合作办学质量保障体系研究[D].宁波:宁波大学.

[26] 段晓明,2010.澳大利亚职业教育与培训体系变革的前沿图景——基于政策报告的分析[J].职业技术教育,31(4):86-89.

[27] 段艳,2022.广东现代学徒制现实困境与推进路径探索[J].南方职业教育学刊,12(5):8-14+92.

[28] 范德成,贾爱梅,2004.我国企业知识产权管理中存在的问题及

其对策分析[J].商业研究,(5):74-76.

[29] 范露华,林娟,郑则凌,2021.现代学徒制视阈下地方高校文创设计人才培养体系研究[J].湖北第二师范学院学报,38(10):29-34.

[30] 范运和,2003.知识产权产生属性论[J].科技进步与对策,20(4):110-112.

[31] 费玄淑,2012.能力本位职教新模式探讨——中德职业教育的比较及启示[J].科教文汇(上旬刊),(34):155-157.

[32] 冯晓青,潘柏华,2020.人工智能"创作"认定及其财产权益保护研究——兼评"首例人工智能生成内容著作权侵权案"[J].西北大学学报(哲学社会科学版),50(2):39-52.

[33] 顾晓诗,2020.以卓越教师培养为导向的教育实习"双导师制"研究[D].南京:南京师范大学.

[34] 关晶,石伟平,2011.西方现代学徒制的特征及启示[J].职业技术教育,(31):77-83.

[35] 管辉,2022.英国现代学徒制发展的政策工具选择研究[D].长春:东北师范大学.

[36] 郭达,申文缙,2020.现代学徒制师徒互动中知识传递与转化的机制解析——基于野中郁次郎SECI理论模型的分析[J].职教通讯,(4):12-18.

[37] 郭雪松,2019,李胜祺.德国现代学徒制的制度建构与当代启示[J].中国职业技术教育,(3):30-36.

[38] 过筱,石伟平,2019.澳大利亚现代学徒制的演进过程、特点分析与经验启示——基于20年的政策回顾[J].职业技术教育,40

(6):36-41.

[39] 过筱,石伟平.智能制造背景下澳大利亚学徒制创新发展研究
[J].职业技术教育,2018,39(19):74-79.

[40] 何爱华,刘怀兰,2016.政府引领企业主导的现代学徒制体制机
制研究[J].中国职业技术教育,32(31):50-54.

[41] 何岸青,2019.基于高职数控技术专业现代学徒制探索与实践
[J].内燃机与配件,(24):272-273.

[42] 胡光,2018."人工智能"技术在知识产权人才培养中的应用研究
[J].南阳理工学院学报,10(1):72-75.

[43] 胡凯,胡文鹏,2016.现代学徒制模式中师徒之间默会知识的传
递研究[J].科教导刊(中旬刊),(2):41-43.

[44] 胡新岗,黄银云,沈璐,2022.中国特色现代学徒制的时代意蕴、
推行逻辑和优化路径[J].教育与职业,(21):102-106.

[45] 胡新建,2016.高职院校试行现代学徒制的实践与探索——以
宁波城市职业技术学院为例[J].中国高教研究,(7):102-105.

[46] 胡秀锦,2009."现代学徒制"人才培养模式研究[J].河北师范大
学学报(教育科学版),11(3):97-103. DOI:10.13763/j. cnki.
jhebnu. ese. 2009. 03. 025.

[47] 黄立,2020.职业教育现代学徒制中学徒的法律地位研究[J].高
等职业教育探索,19(1):62-67.

[48] 黄萍,2016,辜川毅.德国现代学徒制的改革经验及对我国的启
示[J].云南行政学院学报,18(3):161-165.

[49] 黄萍,2016.现代学徒制改革的支撑环境建设[J].职业技术教育,

37(27):21-25.

[50] 黄享苟,郭自灿,陈卓,2011.高职建筑工程技术专业现代学徒制人才培养模式探索[J].职业技术教育,(26):19-22.

[51] 贾铃铃,陈选能,易安,2019.欧洲国家现代学徒制多样性分析与启示[J].职业教育研究,(10):74-79.

[52] 贾铃铃,2020.英、德现代学徒制中企业参与机制的比较研究[D].金华:浙江师范大学.

[53] 简南红,2001.知识产权教育在高等教育中的意义[J].中国大学教学,(5):43-44.

[54] 蒋沛诗,翟丹妮,2017.不同产学研协同模式下的知识创新与管理[J].经营与管理,(7):25-28.

[55] 蒋亚飞,2017.基于现代学徒制的知识产权创新与运营[J].教育科学论坛,(36):17-20.

[56] 焦彦霜,2021.中等职业学校现代学徒制实践教学调查研究[D].上海:上海师范大学.

[57] 焦玉君,周立新,2016.政校行企多元联动创新现代学徒制人才培养模式[J].中国职业技术教育,(31):60-63.

[58] 阚雅玲,丁雯,2015.现代学徒制的实践与探索——以百果园学院为例[J].中国人力资源开发,(24):60-67.

[59] 克里斯托弗·D.斯通,2010.树应该有诉讼资格吗?——迈向自然物的法律权利[J].王明远,译.清华法治论衡,(1):92-148.

[60] 雷承波,2019.高职教育现代学徒制试点困境与优化路径[J].教育与职业,(6):12-18.

[61] 雷沪,李万锦,2015.现代学徒制中知识技能转移路径及其影响因素——基于职业院校离散式顶岗实习的实践[J].职教论坛,(6):83-86.

[62] 雷路娟,2014.产教融合背景下现代学徒制人才培养模式研究[J].经济师,(1):211-212,215.

[63] 李惠华,2019.英国职业教育现代学徒制的发展、特点与启示[J].中国成人教育,(13):66-69.

[64] 李立文,2018.德国"双元制"职业教育决策与执行机制及其启示(一)[J].职业,(26):15-16.

[65] 李楠,王静娜,冯宏志,2021.澳大利亚能效与温室效应绩效审计的借鉴与启示[J].内蒙古科技与经济,(10):40-42.

[66] 李守可,2015.发达国家职业教育契合产业发展的历程、特征及现实启示[J].教育与职业,(12):5-9.

[67] 李小娜,2015.20世纪90年代以来英国学徒制改革研究[D].保定:河北大学.

[68] 李谢标,2024.人工智能生成物版权保护路径探析[J].中国出版,(5):49-55.

[69] 李雪飞,2017.改革开放以来我国职业教育政策变迁研究[D].桂林:广西师范大学.

[70] 李泽文,陈晓柱,2018.现代学徒制下构建高职教学质量保障体系之探索[J].教育现代化,5(40):171-173.

[71] 梁家生,2016.浅谈现代学徒制下中职汽修专业的评价模式[J].科技风,(17):272.

[72] 廖坤畑,2021.高职院校现代学徒制试点实施困境与解决策略 [J].中国多媒体与网络教学学报(中旬刊),(4):43-45.

[73] 廖斯,2020.论人工智能创作物的独创性构成与权利归属[J].西 北民族大学学报(哲学社会科学版),236(2):79-85.

[74] 林晓敏,2018.现代学徒制背景下高职院校隐性课程共享研究 [J].职业教育研究,(3):53-57.

[75] 刘晨,2019.当下高职院校学徒制实施问题与对策研究——以 建筑室内设计专业为例[J].现代经济信息,(8):449.

[76] 刘国庆,2020.山东省高职院校现代学徒制运行机制研究[D]. 贵阳:贵州大学.

[77] 刘红江,敖克勇,2020.汽车检测与维修技术专业现代学徒制项 目实践与研究——以遵义职业技术学院为例[J].科技风,(33): 141-143.

[78] 刘家枢,王向东,2016.现代学徒制度变革本质特点与建立路径 研究[J].职教论坛,(10):5-12.

[79] 刘丽丽,2022.勃兰特政府时期联邦德国职业教育的延续与变 革[D].武汉:华中师范大学.

[80] 刘启云,2020.产学研结合模式下高校会计学专业应用型人才 培养研究[J].呼伦贝尔学院学报,28(4):128-131.

[81] 刘少军,聂琳峰,2024.人工智能生成内容的著作权法之辩[J]. 南昌大学学报(人文社会科学版),55(1):107-118.

[82] 刘亚嘉,2018.德国双元制职业教育的再认识及其启示[J].科技 视界,(27):190-191.

[83] 刘颖,2021.职业教育现代学徒制的政策研究[D].南京:南京邮电大学.

[84] 刘玉洁,2020.五年制高职现代学徒制人才培养模式实践研究[D].南京:南京师范大学.

[85] 刘哲,2015.基于现代学徒制高职人才培养模式研究与实践[J].中国成人教育,(24):124-125.

[86] 卢炳宏,2021.论人工智能生成物的著作权保护[D].长春:吉林大学.

[87] 卢文阳,2022.现代学徒制视域市场营销人才培养模式[J].商业观察,(27):49-52.

[88] 鲁文娟,2017.信息化背景下高职院校开展现代学徒制的影响因素研究[J].广东开放大学学报,26(6):22-26+37.

[89] 罗丹妮,2018.德国现代学徒制的改革经验及对我国高校的启示[J].现代职业教育,(31):238.

[90] 罗洁,贺永刚,2019.实践"现代学徒制"植根企业育人才——罗田理工中专现代学徒制实践案例[J].湖北教育(政务宣传),(7):16-17.

[91] 罗怡,2020.高职院校校企合作人才培养模式的问题与对策[D].桂林:广西师范大学.

[92] 罗莹,2018.广东省高职教育发展中的政府扶持研究[D].桂林:广西师范大学.

[93] 吕凤亚,张瑞芳,2019.论德国现代学徒制及其对我国的启示[J].劳动保障世界,(11):77-78.

[94] 吕维宜,2021.CFD 实业港务有限公司师徒制实施现状及体系改善研究[D].秦皇岛:燕山大学.

[95] 马佳宏,李雪,2020.高等职业教育人才培养:机遇、挑战与应对[J].成人教育,40(8):67-71.

[96] 马小潭,王海旺,2023.现代学徒制与职业技能竞赛教学融合初探[J].河南农业,(3):29-30+33.

[97] 莫奇,2018.澳大利亚职业教育中通用技能的发展及其培养研究[D].天津:天津大学.

[98] 莫珍翠,2015.澳大利亚职业教育教师职后培训体系研究[D].重庆:西南大学.

[99] 南海,2019.对中国特色现代学徒制的思考[J].武汉职业技术学院学报,18(1):5-8+17.

[100] 聂艳平,许孔联,2019.高职院校现代学徒制试点的实施困境与解决策略综述[J].现代制造技术与装备,(9):210-211+213.

[101] 潘建峰,刘瑛,魏宏玲,2017.高职制造类专业现代学徒制实施路径研究与实践[J].中国职业技术教育,(2):75-79+91.

[102] 潘建峰,2016.基于现代学徒制的高端制造业人才培养研究与实践[J].中国职业技术教育,(5):46-49.

[103] 潘健,2023.高职院校实施现代学徒制的现状及完善路径研究[J].教育信息化论坛,(3):30-32.

[104] 潘玥舟,2012.论"三明治"人才培养模式在职业教育中的应用[J].职业,(5):136-138.

[105] 庞润泽,2020.21 世纪以来我国职业教育师资队伍建设政策发

展研究[D].济南:山东大学.

[106] 庞旭卿,2018.高职院校现代学徒制构建的瓶颈及实践探索
[J].科教导刊(下旬),(12):12-13+19.

[107] 彭宏春,王彦文,2019.现代学徒制"4S"学徒在岗学习模式探
索[J].物流技术,38(12):155-160.

[108] 彭杰,黄海江,2013.就业导向视域下现代学徒制育人模式的构
建——以金华职业技术学院为例[J].黑龙江高教研究,(4):
101-103.

[109] 彭可铭,2021.现代学徒制在中职学校实施现状研究[D].广
州:广州大学.

[110] 彭维,2020.新时代推行现代学徒制的困境与思考——以高职
物流管理专业为例[J].重庆电力高等专科学校学报,25(6):
48-51.

[111] 漆捷,2011.意会知识及其表达问题研究[D].合肥:中国科学
技术大学.

[112] 冉云芳,石伟平,2023.企业参与现代学徒制:动机、行为与非货
币化收益的关系研究[J].华东师范大学学报(教育科学版),41
(1):98-112.

[113] 饶远,刘海波,张亚峰,2022.制度理论视角下的新型研发机构
知识产权管理[J].科学学研究,40(6):1075-1084.

[114] 芮小兰,2008.传统学徒制与现代学徒制的比较研究[J].消费
导刊,(4):216-217.

[115] 沙其富,2020.澳大利亚职业教育成功经验及其启示——基于

TAFE学院模式[J].成人教育,40(6):89-93.

[116] 上海科学技术职业学院."校风建设年"活动|优秀学徒制案例:实施现代学徒制,助力打造上海样板[EB/OL].上海科学技术职业学院官网,(2024-01-02)[2024-09-28].https://www.scst.edu.cn/63/85/c2505a25477/page.htm.

[117] 佘瑞龙,2015.现代学徒制人才培养实施及数理分析[J].中国职业技术教育,(28):63-66.

[118] 师慧丽,任臻,周春燕,2019.组织社会学新制度主义视域下德国"双元制"校企合作制度研究[J].职业技术教育,40(19):67-72.

[119] 石建美,2020.高职院校会计专业现代学徒制实施问题及对策研究[J].中国乡镇企业会计,(7):213-214.

[120] 石永洋,2019.现代学徒制背景下高职院校"双导师"团队建设改进研究[D].桂林:广西大学.

[121] 史飞,胡丹,2019.高职建筑工程技术专业现代学徒制课程体系的构建与实施[J].黑龙江生态工程职业学院学报,32(3):116-118.

[122] 史明艳,2017.现代学徒制模式下高职院校创新创业教育分析[J].职教论坛,33(5):23-26.

[123] 宋思佳,2022.四川高职院校现代学徒制政策实施的问题研究[D].成都:电子科技大学.

[124] 宋亚萍,2021.高校一流本科教育政策内容量化评价与优化——基于PMC指数模型的分析[J].教育发展研究,41(9):

12-20＋36.

[125] 孙冲亚,2024.弱人工智能时代的意识形态风险及其纾解[J].云南社会科学,(2):37-46.

[126] 孙凤敏,2018.英国现代学徒制质量保障的嬗变[D].金华:浙江师范大学.

[127] 孙国庆,2017.抢抓机遇开创技能人才培养培训新局面——对江苏省常州技师学院改革发展的思考[J].职业,(1):18-20.

[128] 孙丽,2018.国外现代学徒制特色研究及启示[J].辽宁高职学报,20(2):28-29＋106.

[129] 孙晓琳,2021.英国卡梅伦政府的再工业化政策研究(2010—2016)[D].济南:山东师范大学.

[130] 孙正樑,2019.人工智能生成内容的著作权问题探析[J].清华法学,13(6):190-204.

[131] 孙中涛,赵芹,2019.西方发达国家职业教育现代学徒制师资队伍的特点及启示[J].柳州职业技术学院学报,19(4):42-46.

[132] 唐德贵,2014.以职业能力培养为核心构建中职教学评价体系[J].成都航空职业技术学院学报,(S1):57-59.

[133] 唐伦,2020.基于双创理念的高职院校现代学徒制人才培养模式研究[J].中国教育技术装备,(11):121-122＋125.

[134] 唐梦君,2016.湖北省职业教育对农村剩余劳动力转移影响研究[D].武汉:华中师范大学.

[135] 唐燕,丁建庆,2014.中职酒店专业引入现代学徒制的实践探索[J].中国职业技术教育,(11):25-29.

[136] 天津商务职业学院.软件技术专业现代学徒制典型案例[EB/OL].
天津商务职业学院官网,(2018-05-08)[2024-09-28].https://
www.tcc1955.edu.cn/info/1068/1137.htm.

[137] 王斌,2020.我国高校专利成果转化法律机制研究[D].西安:
西北大学.

[138] 王春城,2014.促使公共政策引人向善的市场性手段论析[J].
人民论坛,(A07):82-85.

[139] 王辉,李楠,2021.英国通用技能培养的经验与启示——以高等
与学位学徒制为例[J].江苏教育,(72):34-38.

[140] 王建明,2015.环境情感的维度结构及其对消费碳减排行为的
影响:"情感—行为的双因素理论"假说及其验证[J].管理世
界,31(12):82-95.

[141] 王进富,兰岚,2013.产学研协同创新路径研究——基于知识产
权归属视角[J].科技管理研究,33(21):123-128.

[142] 王进富,杨青云,张颖颖,2019.基于PMC-AE指数模型的军民
融合政策量化评价[J].情报杂志,38(4):66-73.

[143] 王静文,2011."工学结合"人才培养模式下的高职学生公民意
识教育研究[D].石家庄:河北师范大学.

[144] 王钧,2017.现代学徒制在高职教育中的探索与实践——以眉
山职业技术学院现代学徒制"志和机电班"为例[J].教育教学
论坛,(7):160-161.

[145] 王丽华,2019.现代学徒制视角下欠发达地区产教融合的集成
化策略[J].四川职业技术学院学报,29(6):121-126.

[146] 王琳,2014.论现代学徒制对高职院校转型发展的影响[J].中国人力资源开发,(23):6-9.

[147] 王明刚,2016.多角度辨析传统学徒制与现代学徒制[J].黑龙江教育学院学报,35(9):154-156.

[148] 王明哲,2017.现代学徒制实践的研究[D].沈阳:沈阳师范大学.

[149] 王鸥,2018.甘肃省高校教师科研团队隐性知识共享问题研究——基于SECI视角[J].生产力研究,(6):112-116.

[150] 王平,2015.学徒制对高职院校开展创业教育的启示[J].中国职业技术教育,(36):75-77.

[151] 王迁,2017.论人工智能生成的内容在著作权法中的定性[J].法律科学(西北政法大学学报),35(5):148-155.

[152] 王世安,2013.高职以工作室为基础的现代学徒制研究——以广州工程技术职业学院计算机仿真专业为例[J].职教论坛,(27):14-16.

[153] 王伟巍,2014.澳大利亚"新学徒制"改革研究[D].大连:辽宁师范大学.

[154] 王晓红,2023.高职院校涉农专业现代学徒制人才培养模式探究——乡村振兴背景下农业人才培育的新思考[J].智慧农业导刊,3(5):95-98.

[155] 王鑫,宋伟,2016.数字出版的著作权法律保护难题与解困途径[J].科技管理研究,36(22):145-149.

[156] 王雅丽,何汶纹,潘艳梅,等,2022.高职院校实施现代学徒制的

现状及完善路径研究[J].才智,(36):165-168.

[157] 王振洪,成军,2012.现代学徒制:高技能人才培养新范式[J].中国高教研究,(8):93-96.

[158] 王志明,王小伟,2017.现代学徒制背景下"职教梦"实现路径的探析[J].桂林师范高等专科学校学报,31(3):90-92.

[159] 魏瑞斌,2009.社会网络分析在关键词网络分析中的实证研究[J].情报杂志,28(9).

[160] 魏祥云,2018.战后澳大利亚职业教育重要报告及立法的演进[J].山东商业职业技术学院学报,18(5):87-90+107.

[161] 温世儒,吴霞,2018.澳大利亚新学徒制培养模式优势特征分析[J].教育观察,7(7):18-19+141.

[162] 吴碧珊,黄东兵,吴军,等,2019.教育现代化视野下的现代学徒制研究——以广东生态工程职业学院园林技术现代学徒制专业为例[J].江西电力职业技术学院学报,32(6):103-104+107.

[163] 吴汉东,2007.知识产权的学科特点与人才培养要求[J].中华商标,(11):11.

[164] 吴建设,2014.高职教育推行现代学徒制亟待解决的五大难题[J].高等教育研究,(7):41-45.

[165] 吴汶静,陈维华,2022.终身教育背景下高层次现代学徒制建设的国际比较[J].北京宣武红旗业余大学学报,(4):53-59.

[166] 吴新星,2018.澳大利亚学徒制改革研究[J].国家教育行政学院学报,(4):81-88.

［167］吴学峰,徐国庆,2016.现代学徒制:对象、意义与实施策略[J].现代教育管理,(11):76-81.

［168］夏韩辉,2016.高职院校参与现代学徒制的机制和路径[J].高教探索,(5):90-92+117.

［169］肖化移,邱滢滢,2016.国外高职学生职业能力标准的比较与启示[J].职教论坛,(4):87-91.

［170］肖立,周才文,2020.现代学徒制背景下高职院校双导师制实施的现状与对策研究[J].创新创业理论研究与实践,3(17):86-87.

［171］谢德新,庄家宜,2020.从学科本位到综合职业能力:新中国职业教育人才培养的历史回眸与未来展望[J].职业技术教育,41(28):33-39.

［172］谢彤,杨铨,陶权,等,2022.高职校企"八共举措"合作创新现代学徒制模式实践——以广西工业职业技术学院为例[J].广西教育,(24):104-107.

［173］熊琦,2017.人工智能生成内容的著作权认定[J].知识产权,193(3):3-8.

［174］徐国庆,2017.我国职业教育现代学徒制构建中的关键问题[J].华东师范大学学报(教育科学版),35(1):30-38.

［175］徐家力,2023.人工智能生成物的著作权归属[J].暨南学报(哲学社会科学版),45(4):37-49.

［176］徐小奔,2019.人工智能"创作"的人格要素[J].求索,316(6):95-102.

[177] 薛姗,2020.现代学徒制视域下职业院校新型人才培养模式的构建[J].河南工学院学报,28(4):48-51.

[178] 颜磊,唐天艳,陈明昆,2015.现代学徒制研究的回顾与反思[J].教育与职业,(12):10-13.

[179] 颜彦,2020.校企合作人才培养机制对企业发展影响的研究[D].济南:山东大学.

[180] 杨红荃,苏维,2016.基于现代学徒制的当代工匠精神培育研究[J].职教论坛,(16):27-32.

[181] 杨红荃,肖渝琪,2019.以雇主为主导的英国现代学徒制改革研究[J].教育与职业,(3):82-88.

[182] 杨嘉怡,2020.广西高职院校现代学徒制培养模式研究[D].桂林:广西大学.

[183] 杨进峰,2018.基于企业视角的广东高职院校实施现代学徒制人才培养模式研究[J].职业技术,17(12):41-44.

[184] 杨军虎,2019.中职学校"现代学徒制"实施现状个案研究[D].兰州:西北师范大学.

[185] 杨丽,张鹤,李美娟,等,2017.四川省首届定向医学生政策实施效果及影响因素分析[J].医学与哲学(A),38(4):70-72.

[186] 杨莉,2023.职业院校校企协同培育高素质技能人才的困境与路径[J].湖南工业职业技术学院学报,23(2):105-109.

[187] 杨青,2020.高职院校全面实施现代学徒制须把握的向度[J].江苏高教,(5):109-113.

[188] 杨艳君,贾喜玲,2015.借鉴与挑战:澳大利亚新学徒制在经济

危机后的复兴之路[J].职教论坛,(33):92-96.

[189] 姚佳,2022.创新创业教育融入现代学徒制的机理、问题及提升路径[J].机械职业教育,(6):7-10+21.

[190] 叶根洋,2022.服装专业现代学徒制推广中存在的问题及应对策略[J].山东纺织经济,39(11):41-44.

[191] 叶帅奇,蔡玉俊,2019.产教融合现状反思与改革路径[J].职业技术教育,40(21):27-31.

[192] 岳定权,2012.学生缄默知识:发展机制与教学策略[J].江苏教育研究,(16):34-37.

[193] 臧志彭,丁悦琪,2023.中国 AIGC 著作权侵权法律规制的优化路径[J].出版广角,(24):21-27.

[194] 张斌,2023.以政府主导突破校企合作藩篱:英国现代学徒制的经验[J].职教发展研究,(1):61-69.

[195] 张汉波,戚湧,2022.基于能力成熟度模型的企业知识产权管理研究[J].科技管理研究,42(18):126-135.

[196] 张姮,2021.高职院校现代学徒制教育模式创新创业教育分析[J].湖北开放职业学院学报,34(10):9-11.

[197] 张惠君,2018.瑞士现代学徒制的内容体系、发展特色及其对我国的启示[J].教育与职业,(14):18-24.

[198] 张可然,2015.传统学徒制对现代学徒制发展的启示[J].高教学刊,(24):168-169.

[199] 张美娜,2021.现代学徒制背景下高职院校创新创业型人才培养模式的探索与实践[J].产业与科技论坛,20(24):239-240.

[200] 张南南,2010.澳大利亚新学徒制的特点及发展趋势[J].景德镇高专学报,25(3):44-46.

[201] 张启富,2012 我国高职教育试行现代学徒制的理论与实践——以浙江工商职业技术学院"带徒工程"为例[J].职业技术教育,(11):55-58.

[202] 张秋垫,2019 国外现代学徒制对我国职业教育人才培养的启示[J].现代职业教育,(9):224-225.

[203] 张瑞,2024.现代学徒制在高等学校新闻专业实践教学体系中的价值与应用[J].山东电力高等专科学校学报,27(3):63-67.

[204] 张思为,谢计红,2021.双主体视阈下现代学徒制人才培养质量提升研究[J].黑龙江教师发展学院学报,40(5):7-10.

[205] 张维辉,2020.高职院校实施现代学徒制的现状及完善路径研究[D].石家庄:河北科技大学.

[206] 张孝皇,2019.国际视野下我国现代职业教育体系的构建研究[D].重庆:西南大学.

[207] 张阳,2017.制度创新视域下推进"现代学徒制"破解招工难与就业难的两重困境[J].安徽商贸职业技术学院学报(社会科学版),16(4):65-69.

[208] 张尧,2019.中职学校现代学徒制实施现状调查研究[D].贵阳:贵州师范大学.

[209] 张晔,2019.国外现代学徒制相关研究及其经验、启示[J].现代交际,(22):32-33.

[210] 张智辉,韩志孝,2016.基于现代学徒制的"校企合作、工学结

合、顶岗实习"人才培养模式研究与实践[J].中国职业技术教育,(22):52-54.

[211] 章建林,朱朝霞,郑东旭,2021.《中国制造 2025》视域下高职院校现代学徒制人才培养模式评价体系实践研究——以 A 校机电一体化技术专业为例[J].南方农机,52(8):155-156.

[212] 赵丽萍,罗建华,2020.现代学徒制校企联合管理制度的探索与实践[J].中小企业管理与科技(中旬刊),(5):34-35.

[213] 赵鹏飞,陈秀虎,2013."现代学徒制"的实践与思考[J].中国职业技术教育,(12):38-44.

[214] 赵鹏飞,刘武军,罗涛,等,2021.现代学徒制中国实践、国际比较与未来展望[J].职教论坛,37(12):6-11.

[215] 赵鹏飞,2014.现代学徒制人才培养的实践与认识[J].中国职业技术教育,(21):150-154.

[216] 赵晓兰,2023.中国特色现代学徒制背景下高职学生教育管理的特点、困境及提升策略[J].科教导刊,(36):4-6.DOI:10.16400/j.cnki.kjdk.2023.36.002.

[217] 赵筱颖,2021.英国学位学徒制实践特征及其对我国本科层次职业教育的借鉴[J].职教论坛,37(7):171-176.

[218] 赵彦军,2022.基于产教融合的校企"双主体"协同育人研究与实践[J].中国现代教育装备,(9):159-161.

[219] 赵杨,陈雨涵,陈亚文,2018.基于 PMC 指数模型的跨境电子商务政策评价研究[J].国际商务(对外经济贸易大学学报),(6):114-126.

[220] 赵永胜,2019.破解现代学徒制开展困境的新思考[J].成人教育,39(4):60-66.

[221] 赵有生,王军,张庆玲,等,2014.高职院校现代学徒制的实践探索——以长春职业技术学院为例[J].职业技术教育,(11):72-74.

[222] 钟炜倩,2022.基于文本内容的广东省产教融合政策研究[J].南方职业教育学刊,12(6):20-29+36.

[223] 周春烨,2018.国内外现代学徒制的对比分析研究[J].科技经济市场,(7):154-155.

[224] 周玉芳,2019.高职校企合作订单培养项目向现代学徒制转型的障碍与对策[J].佳木斯职业学院学报,(12):287-289.

[225] 周志近,李洪昌,陈森,等,2017.现代学徒制试点存在不足之处与对策分析[J].科教文汇(下旬刊),(18):3-5.

[226] 朱阁,2024."AI文生图"的法律属性与权利归属研究[J].知识产权,(1):24-35.

[227] 朱军,2014 现代学徒制在数控技术专业中的实践探索[J].职业技术教育,(29):16-18.

[228] 朱梦云,2019.人工智能生成物的著作权归属制度设计[J].山东大学学报(哲学社会科学版),232(1):118-126.

[229] 朱晓蓓,2020.会计专业现代学徒制人才培养方案与教学实探[J].财经界,(32):245-246.

[230] 祝木伟,2016.中国特色现代学徒制人才培养实施现状及改进策略[J].中国职业技术教育,(20):16-19.

[231] 左征军,2000.组织行为学中"激励理论"在高校学生工作中的

应用[J].武汉大学学报(哲学社会科学版),53(S1):81-82.

[232] BELFANTI MARCO C,2004. Guilds,Patents,and the Circulation of Technical Knowledge[J]. Technology and Culture,(45): 569-589.

[233] BELLANVITIS, ANNA, CELLA R, et al, 2016. Apprenticeship in Early Modern Venice[C]//Presented to the Workshop "Apprenticeship in the Western World", Utrecht.

[234] BERLIN, MICHAEL, 2008. Guilds in Decline? London Livery Companies and the Riseof a Liberal Economy,1600—1800[M]// EPSTEW S R, PRAK M, et al. in Guilds, Innovation and the European Economy, 1400—1800, Cambridge: Cambridge University Press, 316-341.

[235] BROADBERRY,STEPHEN,HANHUI G,et al,2014. China, Europe and the Great Divergence: A Study in Historical National Accounting, 1980—1850 [D]. London: London School of Economics.

[236] BROOKS, CHRISTOPHER, 1994. Apprenticeship, Social Mobility and the Middling Sort,1550—1800[M]//BARRY J, BROOKS C, et al. in The Middling Sort of People: Culture, Society and Politics in England, 1550—1800. London: Palgrave Macmillan.

[237] BROWN, SHANNON R,1979. The Ewo Filature: A Study in the Transfer of Technology to China[J]. Technology and

Culture，(20):550-568.

[238] BURGESS,STEWART J,1928. The Guilds of Peking[M]. New York：Columbia University Press.

[239] CLARK,GREGORY,2007. A Farewell to Alms：A Brief Economic History of the World[M]. Princeton：Princeton University Press.

[240] COWAN, ROBIN, FORAY D, 1997. The Economics of Codification and the Diffusion of Knowledge[J]. Industrial and Corporate Change,(6):595-622.

[241] CROWSTON,CLARE,LEMERCIER C,2016. From Apprentice to Master：Guild/Post-guild Relationships and the Lessons of the Life Course[J]. Presented to the Workshop Apprenticeship in the Western World，Utrecht.

[242] DAVIDS，KAREL,2003. Guilds，Guildmen and Technological Innovation in Early Modern Europe：The Case of the Dutch Republic[D]. Economy and Society in the Low Countries Working Papers.

[243] DAVIDS，KAREL,2007. Apprenticeship and Guild Control in the Netherlands,c. 1450—1800[M]//STEVEN L K, MUNCK B D, SOLY H, et al. in Learning on the Shop Floor：Historical Perspectives on Apprenticeship. New York：Berghahn Books.

[244] DAVIDS，KAREL,2013. Moving Machine-makers：Circulation of Knowledge on Machine-building in China and Europe betweenc.

1400 and the Early Nineteenth Century[M]//JAN L, ZANDEN V, PRAK M, et al. in Technology, Skills and the Pre-Modern Economy in the East and the West. Boston: Brill.

[245] MUNCK D,BERT, SOLY H, 2007. Learning on the Shop Floor in Historical Perspective[M]// STEVEN L, BERT K, MUNCK D, et al. in Learning on the Shop Floor: Historical Perspectives on Apprenticeship. New York: Berghahn Books, 3-32.

[246] DESMET, KLAUS, PARENTE S L, 2014. Resistance to Technology Adoption: The Rise and Decline of Guilds[J]. Review of Economic Dynamics,(17):437-458.

[247] DITTMAR,JEREMIAH E, 2011. Information Technology and Economic Change: The Impact of The Printing Press[J]. Quarterly Journal of Economics,(126):1133-1172.

[248] DOEPKE,MATTHIAS, 2004. Accounting for Fertility Decline During the Transition to Growth[J]. Journal of Economic Growth, (9): 347-383.

[249] ZEEV B,NADAV,MOKYR J, et al,2017. Flexible Supply of Apprenticeship in the British Industrial Revolution, forthcoming [J]. Journal of Economic History.

在《现代学徒制中的知识产权形成与归属研究——从制度演进、实践考察及政策措施的视阈》书稿完成之日,我首先要感谢我的导师美国加州大学圣地亚哥分校(UCSD)21世纪中国研究中心主任光磊教授对我的无私帮助。光磊教授坦荡真诚、知识渊博、学贯中西、睿智儒雅,他带给我前沿的学术启迪,给我指明了学术前进的方向,他在各个方面都是我学习的榜样,为我树立了不断学习和追求的标杆。其次要感谢浙江大学企业成长研究中心刘云主任对我的无私提携与不尽帮助,她鼓励我永攀学术高峰,不断精进,是我学术前进的动力源泉。

感谢杭州科技职业技术学院原副校长何树贵教授的帮助,感谢丁水娟研究员的大度宽容和鼎立支持,以及任红民教授在背后的默默付出。感谢旅游管理学院党总支副书记屠肖菁、院长徐得红、副院长刘昀及博士李群,他们都给了我无私的帮助!没有他们的关怀、帮助和鼓励,我的研究工作将寸步难行。还要感谢杭州市哲学社会科学重点研究基地高等职业教育(陶行知教育思想)研究中心教师龚苗为本项目付出的努力和辛勤的劳动。本书得到了杭州市哲学社会科学重点研究基地高等职业教育(陶行知教育思想)研究中心的立项资助,以"现代学徒制中的知识产权形成与归属研究"(编号:2018JD64)为项目课题,成功立项。

本书由我主持设计,从课题的立项、策划及整体统筹,到研究人员的甄选都花费了不少时间,经历了较长的过程。南宁师范大学硕士研究生刘冰雪,天资聪颖,勤奋好学,她为本书的统稿和校对倾注了大量的时间与精力,特别是对第5章、第7章进行了创新性研究;湖州师范学院虞科乾对撰写第3章、第4章贡献很大;宁波大学科学技术学院周冲对撰写第2章、第6章有贡献;浙江工商大学杭州商学院王怡婷对撰写第1章、第6章有贡献。他们还积极参加本项目调研,搜集一手资料,付出了辛勤的劳动,在此一并致谢。

项目虽然完成了,但其中肯定免不了有很多错误和不足,有待改进和提升。本书写作时参考和引用了大量文献及资料,已尽可能地列了出处,在此一并致谢!

谌远知

2024 年 9 月 28 日于杭州